日本語コーパス活用入門

NINJAL-LWP実践ガイド

赤瀬川 史朗／プラシャント・パルデシ／今井 新悟 著

大修館書店

まえがき

　日本語コーパスツール NINJAL-LWP（ニンジャル・エルダブリュピー）は，2012 年の公開以降の利用者数が 10 万人を超え，日本を代表するコーパスの一大拠点に成長しました。現在公開されているツールは，NLB（NINJAL-LWP for BCCWJ，http://nlb.ninjal.ac.jp/）と NLT（NINJAL-LWP for TWC，http://tsukuba.lagoinst.info/）の 2 つです。

　NLB は，国立国語研究所が中心となって構築した日本語コーパス BCCWJ（正式名称は『現代日本語書き言葉均衡コーパス』）を検索するためのツールです。BCCWJ は，書籍，新聞，雑誌，白書などの媒体からテキストを無作為抽出して，現代日本語の書き言葉の全体像が把握できるように構築した約 1 億語の大規模コーパスです。一方の NLT は，筑波大学が構築した日本語ウェブコーパス TWC を検索するためのツールです。TWC は，『筑波ウェブコーパス』の略称で，日本語のウェブページから約 11 億語の日本語を収集した大規模ウェブコーパスです。自動で収集していますが，可能な限り，同じ文章の重複を排除し，教育や研究に利用しやすい形にしています。

　本書は，これら 2 つのコーパスツールの利用を通して日本語コーパスを活用するための実践的な入門書です。NLB と NLT の開発と公開に直接かかわった 3 人が自ら執筆しています。内容としては，ツールの使い方を説明する前に，コーパスやコーパスツールの基礎知識から始めていますので，これからコーパスを使ってみたい初心者の方でも無理なく読み進めることができます。また，後半では，研究などでの具体的な活用事例を取り上げ，コーパスや NINJAL-LWP を利用して，実際に何ができるかという点について，実践的なヒントを提供しています。

　全体の構成は，基礎編（第 1 章と第 2 章），応用編（第 3 章と第 4 章），研究編（第 5 章と第 6 章）の 3 部構成になっています。第 1 章では，コーパス

とコーパスツールの基礎知識について述べます。コーパスとはどのようにできているのか，コーパスを使った分析にはどのような種類があるのか，具体例とともに分かりやすく解説します。第 2 章では，NINJAL-LWP の全機能を詳細に解説し，徹底活用のためのヒントを数多く提供しています。第 3 章では，NINJAL-LWP を辞書執筆に利用する一例として，国立国語研究所から公開されている『基本動詞ハンドブック』(http://verbhandbook.ninjal.ac.jp) の執筆での NLB/NLT の活用例を紹介します。第 4 章では，NINJAL-LWP の 2 語比較機能を利用して，類義語や対義語，ゆれのある語を調査する方法を取り上げます。第 5 章では，「置く」の補助動詞用法「V1 ておく」の分析を主に NINJAL-LWP を利用して行った事例を紹介します。最終章では，語彙的な自他動詞対における形式的な有標・無標さの予測について，NLB を用いて頻度論的アプローチを適用した事例を取り上げます。

　読者の方々が，本書を通じて，コーパスとコーパスツールの特性を理解して，教育や研究などの分野で身近にコーパスを利用していただくことにつながれば，筆者としてそれ以上の喜びはありません。

　本書の企画にご賛同いただき，筆者らの原稿を詳細にチェックしていただいた大修館書店の辻村厚氏に心よりお礼を申し上げます。

　なお，本書で紹介している NINJAL-LWP for BCCWJ（NLB）は，国立国語研究所独創発展型共同研究プロジェクト「日本語学習者用基本動詞用法ハンドブックの作成」，基幹型プロジェクト「述語構造の意味範疇の普遍性と多様性」，機関拠点型プロジェクト「統語・意味解析コーパスの開発と言語研究」および平成 27 年度科学研究費助成事業（科学研究費補助金）課題番号 15H03210「統語・意味解析情報タグ付きコーパス開発用アノテーション研究：複文を中心に」プロジェクトの研究成果の一部です。

2016 年 5 月

著者

目次

まえがき iii

＜基礎編＞ コーパスとコーパスツールの基礎

第 1 章　日本語コーパスとコーパスツール　5
  1.1　コーパスとは何か　5
  1.2　コーパスはどのように作るか　7
  1.3　コーパスによる分析とはどのようなものか　11
    1.3.1　頻度分析　11
    1.3.2　コロケーション分析　12
    1.3.3　用例分析　13
  1.4　コーパスにはどのような種類があるか　14
  1.5　コーパスツールにはどのようなものがあるか　15
    1.5.1　ワードリスト　16
    1.5.2　コンコーダンス　17
    1.5.3　統計サマリー　21
    1.5.4　レキシカルプロファイリング　26
  1.6　利用可能なオンラインの日本語コーパスとツール　35
    1.6.1　BCCWJ とそのツール　35
    1.6.2　筑波ウェブコーパスとそのツール　44
    1.6.3　Sketch Engine の日本語コーパス　45

第 2 章　NINJAL-LWP の機能　47
  2.1　見出し語リスト　47
  2.2　表記の扱い　56
  2.3　見出し語に関する統計情報　59
  2.4　文法パターンの選択　62

- 2.5　コロケーションの分析　66
  - 2.5.1　MI スコア　67
  - 2.5.2　ログダイス　70
  - 2.5.3　3つの指標の比較　70
  - 2.5.4　コロケーションのフィルタ機能　78
  - 2.5.5　サブコーパスごとの PMW　80
  - 2.5.6　固有名詞のラベル　81
- 2.6　用例の分析　82
  - 2.6.1　出典の確認　84
  - 2.6.2　文脈の確認　84
  - 2.6.3　用例のフィルタ機能　85
  - 2.6.4　用例のダウンロード　88
- 2.7　2語の比較　90
  - 2.7.1　比較する2語の選択　90
  - 2.7.2　2語比較画面　93
  - 2.7.3　文法パターンや基本統計の比較　93
  - 2.7.4　コロケーションの比較　96
  - 2.7.5　用例の比較　101
- 2.8　レキシカルプロファイリングの仕組み　104

＜応用編＞ レキシカルプロファイリングツール NIJAL-LWP の活用

第 3 章　『基本動詞ハンドブック』の執筆における利用　115

- 3.1　語義の認定　115
- 3.2　中心義　122
- 3.3　例文　125
- 3.4　コロケーション　126
- 3.5　複合動詞　128
- 3.6　複合名詞　130
- 3.7　慣用表現　130
- 3.8　まとめ　132

第4章　類義語・対義語・ゆれのある語の調査　135

4.1　類義語　135
   4.1.1　「ルール」と「規則」　135
   4.1.2　「状態」と「状況」　137
   4.1.3　「上がる」と「登る」　141
   4.1.4　「開く」と「開ける」　144
   4.1.5　「寝る」と「眠る」　147
   4.1.6　「走る」と「駆ける」　148
4.2　対義語　149
   4.2.1　頻度と有標／無標　149
   4.2.2　「近い」と「遠い」　150
4.3　ゆれのある語　153
   4.3.1　「大きい」と「大きな」　153
   4.3.2　「小さい」と「小さな」　156
4.4　まとめ　159

＜研究編＞　コーパスに基づく言語研究

第5章　基本動詞「置く」の本動詞用法から補助動詞用法への文法化　163

5.1　はじめに　163
5.2　NLB，NLT における本動詞用法・補助動詞用法の検索　164
5.3　本動詞用法から補助動詞用法への意味変化・意味拡張：Indo-Turanian 言語地域諸語の研究の知見　167
5.4　大規模コーパスにおける補助動詞としての「置く・おく」の使用実態　169
   5.4.1　共起する V1 の種類と自他の分布　169
   5.4.2　否定形の V1 との共起　171
   5.4.3　V1 と V2 が同じもの：「おいておく」　172
5.5　まとめ　173

第 6 章　語彙的自他動詞対における
　　　　　形式的な有標・無標さの予測　175

　6.1　はじめに　175
　6.2　意味的な動機づけ：認知意味論的なアプローチ　177
　6.3　経済的な動機づけ：頻度論的なアプローチ　179
　6.4　ナロック・パルデシ・赤瀬川（2015）　180
　　6.4.1　「認知意味論的な動機づけ」の不備と問題点　180
　　6.4.2　頻度論的な動機づけ　181
　　6.4.3　コーパス頻度に基づく検証　182
　6.5　まとめ　188

索引　193

執筆分担
　第 1 章・第 2 章　　　赤瀬川史朗
　第 3 章・第 4 章　　　今井新悟
　第 5 章・第 6 章　　　プラシャント・パルデシ

日本語コーパス活用入門

NINJAL-LWP 実践ガイド

＜基礎編＞
コーパスとコーパスツールの基礎

　コーパスを活用するための第一歩は，コーパスとコーパス分析ツールに関する正しい基礎知識を身につけることから始まります。第1章では，そのような基礎的知識を提供し，次章以降の内容を無理なく理解できるように配慮しています。前半では，コーパスの初心者なら誰しも抱くだろう最初の疑問「コーパスとは何か」から始め，コーパスに関する重要な考え方，コーパス言語学で使われる基礎用語（トークン，レマ，コロケーションなど），コーパス分析の種類などについて，分かりやすく解説します。後半では，コーパスツールの種類について，統合型コーパスツール Sketch Engine を例に挙げて具体的に紹介します。

　続く第2章では，コロケーションの分析に有効なレキシカルプロファイリング型ツール NINJAL-LWP の機能と使い方を実習形式で学んでいきます。NINJAL-LWP には詳しいユーザガイドが付属していますが，さらに内容を掘り下げて解説します。この章を実習しながら読み終えると，見出し語の検索のしかたから，見出し語ウィンドウの各パネルの使い方，2語比較機能の使い方まで，NINJAL-LWP の全機能を一通り使いこなせるようになります。章末では，レキシカルプロファイリングの仕組みについて取り上げ，このツールに対する正しい理解を深めます。

第1章
日本語コーパスとコーパスツール

1.1　コーパスとは何か

　コーパスということばが一般の日本人の間で知られるようになったのは，今世紀に入って，コーパスを活用した英語の辞書や単語集などで使われ出したのがきっかけだと思われます。コーパスは，一般に，「**言語研究のために集めた大規模な電子化された言語データ**」と定義することができます。学問的にはさらに厳密な定義が必要になりますが，一般的な理解としてはこれで十分です。

　この定義には，重要なキーワードが3つあります。1つ目は「**言語研究**」，2つ目は「**大規模**」，3つ目は「**電子化された言語データ**」です。1つ目の「**言語研究**」から順に見ていきましょう。コーパスを作って検索するのは，ことばが実際にどのように使われているのかを詳細に知るためです。私たちはふだん，Googleなどの検索エンジンを使って，いろいろな調べ物をしていますが，このような汎用の検索エンジンを使った検索は，主に事実を調べるためのものです。汎用の検索エンジンを使って，ことばの使い方を調べることもできますが，細かなところまで調べようとすると，いろいろと限界が見えてきます。ことばについて調べるには，ことばが調べやすいように検索を提供する側でいろいろと工夫する必要があるからです。コーパスやコーパスツールでは，さまざまな工夫を取り入れて，ことばの使い方を詳細に検索できるような仕組みを提供しています。その工夫の中身については，次節1.2で詳しく見ていきます。

　二つ目のキーワードの「**大規模**」に移りましょう。まず誰しも感じること

は，どの程度であれば大規模だと言えるかということでしょう。コーパスの規模はふつう収録されている総語数で表すのが一般的です。結論から言えば，どの程度の規模で「大規模」だと見なすかは，その時代時代によって変化しています。コーパスによる研究が最も早くから行われた英語では，1960年代にブラウンコーパスというアメリカ英語の書き言葉のコーパスが作られます。このコーパスの規模は100万語ですが，当時としては大規模といえる画期的なものでした。100万語というのは，長編小説1冊分ぐらいの語数に相当します。1990年代になると，イギリスでは，学術機関と出版社の共同プロジェクトによって，British National Corpus（BNC）が構築されます。その規模はブラウンコーパスの100倍の1億語に達します。1億語というのは，新聞記事2年から3年分の分量に相当します。今世紀に入ると，インターネットの普及に伴い，ウェブページのデータをコーパスのソースとして利用できるようになり，コーパスの規模は10億語に達しました。さらに，最近では100億語規模のコーパスも登場しています。今後もコーパスの規模は拡大し続けていくことでしょう。

　コーパスの規模については，どの程度の語数であれば，言語調査に十分役立つのかという，もう一つの視点から考えることも重要です。当然ながら，調べる内容によってその数は違ってくるわけですが，一般的なことばの使い方について調べる場合，10億語程度のコーパスがあれば，十分信頼できる答えが返ってくると言えます。もちろん，専門分野でのことばの使い方となれば，その分野のコーパスが必要になりますから，規模よりも調べる内容に応じた分野のコーパスがあるかどうかという点がむしろ重要になってきます。

　最後に，「**電子化された言語データ**」というキーワードについて見ていきましょう。ここでは特に「電子化された」という部分が重要です。1番目のキーワードのところでも述べたように，コーパスは，検索できるかどうかという点がきわめて重要です。1億語のコーパスを作って，それを人が最初から最後まで読んで調査するわけにはいかないからです。コンピュータを使って，調査したい対象が検索できるようにしておくということが重要になります。そのためには，データはすべてコンピュータが解析できるような形にしておくことが必要です。ここで言う言語データとは，いわゆる文字データに限られません。話しことばであれば，文字データ以外に実際の発話を収録し

た音声データがコーパスの素材になります。また，動画データからなるコーパスもあります。ただし，本書ではこのような音声データのコーパス，動画データのコーパスにはついては触れず，もっぱら文字データからなるテキストコーパスについてのみ扱います。コーパスの種類については，1.4 でもさらに触れます。

1.2 コーパスはどのように作るか

前節では，コーパスの定義に見られる３つのキーワードをもとに，コーパスとはどのようなものなのか，コーパスでは何が重要となるのかを述べましたが，内容がやや抽象的でした。本節では，テキストコーパスは，どのような形式で表されるのか，ことばを調べるためにどのような工夫がされているのかを見ながら，コーパスの具体的な姿を明らかにしましょう。

テキストコーパスでは，数多くのテキストファイルが集まって，１つのコーパスを構成します。テキストコーパスの形式にはさまざまな形態がありますが，最もシンプルな形式が，文字情報のみで構成された**プレーンテキスト**です。以下は，夏目漱石の小説『こころ』の冒頭をプレーンテキストで示した例ですが，本とほぼ同じ体裁になっていることが分かります。

上　先生と私
一
私はその人を常に先生と呼んでいた。だからここでもただ先生と書くだけで本名は打ち明けない。これは世間を憚かる遠慮というよりも，その方が私にとって自然だからである。私はその人の記憶を呼び起すごとに，すぐ「先生」といいたくなる。筆を執っても心持は同じ事である。よそよそしい頭文字などはとても使う気にならない。

『青空文庫』というオンラインの電子図書館（http://www.aozora.gr.jp/）では，ここに挙げた『こころ』以外にも，多くの文学作品が公開されています。青空文庫の作品は，プレーンテキストで提供されていますので，青空文庫の作品を集めて，青空文庫のプレーンテキストのコーパスを作ることができます。

ただし，これから述べるように，プレーンテキストでは，ことばを調べる場合にいろいろな不都合が生じるため，コーパスとしての十分な機能を備え

ているとは言えません。その一つが表記の問題です。ことに日本語では，多様な表記が使われるので，表記の問題は無視できません。例えば，「私」という代名詞は，漢字で書く場合もあれば，「わたし」，「ワタシ」とかなで書くこともあります。さらに，言い方も，「わたくし」，「あたし」など，複数あります。同一の作品やテキストに限れば，同じ表記が使用されている可能性が高いですが，作者や時代が異なる多くのテキストを検索する場合には，このような表記の問題は避けて通ることはできません。

　問題はほかにもあります。日本語では，動詞，形容詞，形容動詞などの用言には活用があります。用言を調べるときには，変化形もまとめて調べることができると便利ですが，プレーンテキストではそれが簡単にはいきません。例えば，先ほどの『こころ』の冒頭に「呼ぶ」という動詞の連用形「呼ん」が使われています。コーパスで「呼ぶ」という動詞を検索するときに，「呼ぶ」の変化形もまとめて調べることができると便利ですが，プレーンテキストではそのようなことが簡単にはできません。

　さらに，もう一つ問題があります。ことばを調べるときには，それぞれの語で調べたい場合と，品詞というまとまりで調べたい場合が出てきます。先ほどの『こころ』に「記憶を呼び起す」という表現がありますが，「記憶を＋動詞」のパターン，つまり，「記憶」をヲ格名詞にとる動詞にどのようなものがあるかを調べたいとしましょう。この場合，「動詞」の部分には，日本語で使われるすべての動詞が当てはまりますが，プレーンテキストではそのような検索はできません。

　このような表記，活用，品詞の問題に対処するために，テキストコーパスを構築する際は，元となるプレーンテキストにさまざまな言語情報を追加します。このような言語情報のことを一般に**アノテーション**（注釈）と呼びます。アノテーションは，コーパスの種類や用途によってさまざまですが，最も汎用的なアノテーションが形態素情報[1]と呼ばれるものです。先ほどの『こころ』の冒頭の最初のセンテンスにXMLというファイル形式を用いて形態素情報を加えると，以下のようになります。通常は改行は入りませんが，分かりやすくするために，各語の後ろに改行を入れています。

1　英語では，品詞情報という場合が多い。

第1章　日本語コーパスとコーパスツール

```
<token lemma='私' pos='代名詞'>私</token>
<token lemma='は' pos='助詞'>は</token>
<token lemma='その' pos='連体詞'>その</token>
<token lemma='人' pos='名詞'>人</token>
<token lemma='を' pos='助詞'>を</token>
<token lemma='常' pos='名詞'>常</token>
<token lemma='に' pos='助詞'>に</token>
<token lemma='先生' pos='名詞'>先生</token>
<token lemma='と' pos='助詞'>と</token>
<token lemma='呼ぶ' pos='動詞'>呼ん</token>
<token lemma='て' pos='助詞'>で</token>
<token lemma='いる' pos='動詞'>い</token>
<token lemma='た' pos='助動詞'>た</token>
<token lemma='。' pos='補助記号'>。</token>
```

　先ほどのプレーンテキストとの大きな違いは，まず文が語に分割されている点です。「語」と書きましたが，正確には，句読点も一つの単位として分割されているので，コーパス言語学や自然言語処理の分野では，このような語や句読点の単位を**トークン**（token）と呼んで，通常の「語」とは区別しています。上記の「私はその人を常に先生と呼んでいた。」という文は14個のトークンからでき上がっているということになります[2]。

　それぞれのトークンは，以下のようなタグを使って表現されます。

```
<token lemma='①' pos='②'>③</token>
        開始タグ              終了タグ
```

　まず，網がけで示した「＜」と「＞」で囲まれた2箇所の部分をタグと呼びます。最初のタグは開始タグ，後にくるタグは終了タグといいます。開始タグと終了タグに挟まれた③の部分をコンテンツと呼びます。そして，開始タグ，コンテンツ，終了タグの3つを合わせてエレメントと呼びます。それぞれのトークンに対して，tokenエレメントが1対1で対応しています。また，各開始タグには，属性を含めることができ，ここにアノテーションを追加することができます。

　tokenエレメントでは，③のコンテンツの部分にトークンの出現形（文中に出現した形）を示し，いっぽう表記や品詞に関する情報はタグの属性とし

---

[2] 形態素解析ツールや辞書の種類によって，トークンの区切りは異なる場合があります。

て記述しています。表記や用言の終止形の情報については①の部分（lemma 属性）に，品詞の情報については②の部分（pos 属性）に記述しています[3]。

　lemma は「レマ」と読み，その語の基本形（用言であれば，終止形）を表します。この属性を参照することで，用言で終止形以外の活用形が使われている場合でも，終止形と見なして検索できるようになります。また，表記にバリエーションがある場合も，この属性に代表的な表記を記述することで，さきほどの表記の問題にも対応することができます。もう一つの属性 pos は，part of speech（品詞）の略です。品詞を指定して検索する場合は，この属性を参照することになります。

　上記の文の最初のトークン「私」を例にとると，コンテンツには出現形の「私」が，lemma 属性には代表的な表記として「私」が，pos 属性には「代名詞」がそれぞれ指定されています。

```
<token lemma='私' pos='代名詞'>私</token>
```

　10 番目のトークンは用言の例です。コンテンツには出現形である連用形の「呼ん」が，lemma 属性には終止形の「呼ぶ」，pos 属性には「動詞」がそれぞれ指定されています。

```
<token lemma='呼ぶ' pos='動詞'>呼ん</token>
```

　表記のバリエーションに対処する例も見てみましょう。5 番目の文に「心持」という名詞があります。token タグは以下のようになります。lemma 属性には，出現形の「心持」とは違う「心持ち」が指定されています。lemma 属性を参照することで，現代の一般の表記とは異なる「心持」も，「心持ち」と同一視して検索できるようになります。

```
<token lemma='心持ち' pos='名詞'>心持</token>
```

　このように，コーパスでは，タグという仕組みを使って，元の文に対して

---

[3] ここに示したのはあくまでも一例であり，トークンが必ずこの形式で表現されなければならないということではありません。

さまざまな言語情報を追加することで，柔軟な検索ができるようにしています。このようなコーパスを**アノテーション付きコーパス**と呼びます。このようなアノテーション付きコーパスを構築することで，前述した表記，活用，品詞の諸問題が解決され，汎用の検索エンジンにはできない，ことばの詳細な調査が可能になります。

1.3 コーパスによる分析とはどのようなものか

ここまでで，コーパスについてのおおよそのイメージがつかめたと思いますので，コーパスを使ってどのように分析が行われるのか，その手法はどのようなものかを具体的に見ていくことにしましょう。一口にコーパス分析と言っても多種多様ですが，以下の3つに大別することができます。一般に右へ行くほど高度な分析になります。

頻度分析　　　　コロケーション分析　　　　用例分析

1.3.1 頻度分析

頻度分析とは，特定のコーパスに特定の語句などが何回出現するかを調査することを言います。日本語コーパスを使って，使用頻度の高い動詞ベスト100を調査するというのは，頻度分析の典型例です。NLBの動詞見出し語一覧を見ると，『現代日本語書き言葉均衡コーパス』に出現する動詞の頻度ランキングが分かります（図1-1）。1位の補助動詞の「いる」の後に，「する」，「なる」，「ある」，「言う」，「思う」が続いています。

このような集計をするためには，前節で述べた表記と活用の問題をあらかじめ解決しておく必要があります。例えば，5位の「言う」には，漢字表記の「言う」のすべての活用形の頻度（出現数のこと）のほか，「言う」以外の表記，例えば，ひらがなの「いう」や，漢字の「云う」や「謂う」などのすべての活用形の頻度が含まれています。このようなレマ単位の頻度分析は，アノテーション付きコーパスがあれば，機械的に処理することができます。

見出し	読み	ローマ字表記	頻度
いる-非自立	イル	iru	968,064
する	スル	suru	601,911
なる	ナル	naru	484,861
ある	アル	aru	479,785
言う	イウ	iu	285,579
思う	オモウ	omou	199,915
できる	デキル	dekiru	194,228
くる-非自立	クル	kuru	171,836
見る	ミル	miru	141,739
いる	イル	iru	95,901

図 1-1　NLB の動詞見出し一覧

1.3.2　コロケーション分析

コロケーションとは，ある語が別の語と同時に出現しやすい関係をいいます。同時に出現することを**共起**といいます。例えば，「薬を飲む」という表現で考えてみましょう。この表現では，「薬」という名詞と「飲む」という動詞が共起して，「薬を飲む」というコロケーションができ上がっています。英語では，「薬を飲む」ことは，動詞 take を使って take medicine と言います。しかし，日本語では，「薬を飲む」ことを「薬を取る」とは言いません。反対に，英語では，drink medicine とはふつう言いません。同じ「薬を飲む」という動作でも，日本語と英語では異なる性質を持つ動詞を使うことが分かります。コーパスを利用することで，このような共起関係を客観的に数値化して調査することができます。

　図 1-2 は，名詞「薬」をヲ格名詞にとる動詞のコロケーションを NLB で調べた結果です。「薬を飲む」という表現のほかに，「薬をもらう」，「薬を使う」，「薬を処方する」などの表現が数多く見つかります。図 1-3 は，動詞「飲む」のヲ格名詞のコロケーションです。「酒を飲む」，「水を飲む」，「コーヒーを飲む」など，基本義の「飲み物を摂取する」という意味のほか，先ほどの「薬を飲む」や，慣用的な「息をのむ」という表現が見られます。コロケーションの分析については，1.5.3 の統計サマリーでさらに詳しく解説します。

1.3.3 用例分析

用例分析は,コーパスから特定のパターンを含んだ用例を抽出し,その意味を解析することをいいます。コンピュータによる意味解析の研究が進んでいますが,現時点では,コンピュータが行うのは機械的に用例を抽出するところまでで,それ以降の分析は人間が直接行うケースがほとんどです。

一例を示しましょう。「うれしい＋名詞」のコロケーションを調べると,「うれしい悲鳴」という表現が見つかります。国語辞典では,この表現を慣用句の見出しとして扱っています。例えば,『大辞林』には,「喜び事があってうれしいものの,身辺が多忙になって悲鳴をあげること」とあります。他のコロケーションを見ていくと,この「うれしい悲鳴」と似たコロケーションが見つかります。「うれしい誤算」や「うれしい驚き」などです。以下は,NLBで見つかっ

図1-2 「薬を＋動詞」のコロケーション

コロケーション	頻度	MI	LD
薬を飲む	606	10.52	9.82
薬をいる	187	11.26	10.01
薬をもらう	169	10.01	9.09
薬を使う	99	6.48	5.88
薬を処方する	70	12.67	9.68
薬を出す	60	6.42	5.78
薬を服用する	56	12.33	9.35
薬を塗る	49	9.47	8.17
薬を買う	42	6.35	5.68
薬をくる	37	11.80	8.77

図1-3 「名詞＋を飲む」のコロケーション

コロケーション	頻度	MI	LD
酒を飲む	1,455	10.78	11.27
薬を飲む	676	9.79	10.23
息を飲む	575	10.43	10.42
水を飲む	554	7.91	8.87
コーヒーを飲む	495	10.53	10.32
ビールを飲む	427	10.58	10.20
お茶を飲む	320	10.34	9.84
【一般】を飲む	204	1.96	3.24
ワインを飲む	197	9.64	9.14
茶を飲む	116	8.86	8.37

た用例です。

> ❖「当初五年間は赤字を覚悟していた」(中内社長)が,開業直後,神戸市がポートアイランドを舞台に開催した博覧会「ポートピア '81」も追い風となり,結果的には開業時からフル稼働という,**うれしい誤算**となった。(日本経済新聞社編『神戸』,1998)
> ❖ この教授が私の本を読んでいてくれたとは,全く**うれしい驚き**だった。(中津文彦著『ジンギスカン殺人事件』,1986)

さらに NLT で調べてみると,「うれしい偶然」という表現も見つかります。これらのことから,これらの表現の「うれしい」には,「喜ばしい」という意味に加えて,「予想外の」,「予想を超えた」という共通した意味合いを添える場合があることが分かります。

このように,用例分析では,コロケーションなどの情報を手がかりにして,個々の用例の文脈を確認しながら,対象とする語の意味を明らかにします。国語辞典の執筆では,このようなコーパスの用例を分析することで,見出し語の語義をより客観的に記述することが可能になります。

1.4 コーパスにはどのような種類があるか

本節では,コーパスにはどのような種類のものがあるかについて確認しておきましょう。1.1 の最後で触れたように,コーパスには,テキストを集めたテキストコーパスのほかに,音声を収集した音声コーパス,動画を収集した動画コーパスなどがあります。これは,データの種類による分類です。これ以外にも,いくつかの基準からコーパスを分類することができます。表

表 1-1 コーパスの分類

分類の基準	コーパスの種類
データの種類	テキストコーパス,音声コーパス,動画コーパス
言語様式	書き言葉コーパス,話し言葉コーパス,ジェスチャーコーパス
収録する言語の数	単一言語コーパス,複数言語コーパス(パラレルコーパス)
汎用か特殊目的か	汎用コーパス,特殊目的コーパス

第1章　日本語コーパスとコーパスツール

1-1 は，分類の基準ごとに，コーパスがどのように分類できるかを示しています。

　ここからさらに細分化することもできます。例えば，テキストコーパスは，1.2 で述べたように，プレーンテキストコーパスと，言語情報が付加されたアノテーション付きコーパスに分類することができます。また，書き言葉コーパスでは，例えば，新聞記事を集めた新聞コーパス，学術論文を集めたアカデミックライティングコーパスなどがその下位分類として考えられます。

1.5　コーパスツールにはどのようなものがあるか

　ここまで，コーパスとはどのようなものかを複数の観点から明らかにしてきました。本書が対象とするテキストコーパスは，テキストの集合です。コーパスを利用するためには，テキストコーパスを分析するための専用のツールが必要になります。これを**コーパスツール**と呼びます。テキストコーパスのためのコーパスツールは，表 1-2 のように大きく 4 つに分類することができます。

表 1-2　コーパスツールの分類

ワードリスト	コーパスから頻度（語，レマ，N-gram など）を計数し出力する
コンコーダンス	コーパスツールの定番といえる KWIC コンコーダンスを出力する
統計サマリー	ノード（検索語句）の前後の語を集計し，統計値を算出する
レキシカルプロファイリング	あらかじめ定義した文法パターンによって，レマなどの振る舞いをコロケーションの形で要約する

　本節では，上記の 4 つのツールを備えた統合型のコーパスツール Sketch Engine（http://www.sketchengine.co.uk/）を利用して，それぞれのツールのもつ機能と特徴を見ながら，コーパス分析が具体的にどのようなものかを明らかにしていきます。

1.5.1 ワードリスト

ワードリストは，1.3.1で述べた頻度分析のためのツールです。名称はワードリストですが，単語（ワード）の頻度だけでなく，レマの頻度や，N-gram（エヌグラム，後述）の頻度を計数する機能も備えたツールもあります。以下のSketch Engineの検索例では，JpWaC[4]という約3.4億語のコーパスを使用しています。

では，ワードリストがどのようなツールなのか，Sketch Engineのワードリストを使って説明しましょう。ここでは，レマ単位で頻度を集計してみます。上位の10レマを示した結果が図1-4です。8位の「する」という動詞を除けば，残りはすべて助詞か助動詞で占められています。tagがPで始まるものは助詞，Auxは助動詞を表します。

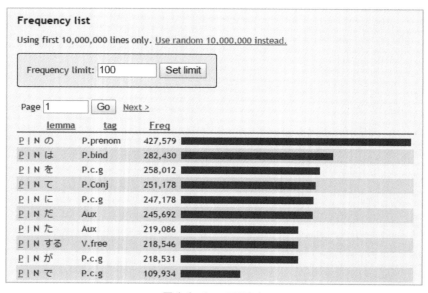

図1-4　レマの頻度表

---

[4] Jpは日本語，WaCはweb as corpusの略で，日本語のウェブサイトのテキストデータから作成したコーパスという意味。

第1章　日本語コーパスとコーパスツール

　Sketch Engine のワードリストでは，語やレマの頻度のほか，N-gram の頻度を計数することができます。N-gram とは，後続する文字，トークン，レマ，品詞などをひとまとまりにして頻度を求める方法で，コーパスや自然言語処理の世界では広く用いられています。2単位をひとまとめにする場合は，bigram（バイグラム），3単位をまとめる場合は，trigram（トライグラム）と言います。例えば，1.2 で示した漱石の『こころ』の冒頭の文をトークンに区切ると，次のようになります。

私｜は｜その｜人｜を｜常｜に｜先生｜と｜呼ん｜で｜い｜た｜。

　この文について，トークン単位の trigram を求めると，「私はその」，「はその人」，「その人を」，「人を常」，「を常に」，…のようになります。

　Sketch Engine のワードリストで，トークン単位の trigram の頻度を求めたのが，図 1-5 です。「ていた」という trigram が最も多く，その後に，「している」，「ています」，「ということ」が続いています。

1.5.2　コンコーダンス

　コンコーダンスは，検索語句が行の中央に縦に並ぶように出力するツールです。該当箇所の前後の文脈が確認し

Word list
Corpus: JpWaC
Page 1　Go　Next >

word (3-grams)	Freq
て い た	461,151
し て いる	434,392
て い ます	381,249
と いう こと	361,833
し て い	296,278
さ れ て	285,584
で は ない	277,044
と 思 い ます	263,782
に なっ て	261,494
れ て いる	236,704

図 1-5　tri-gram の表示

やすいことから，コーパス分析では最も広く使われている標準的なツールです。図 1-6 は，Sketch Engine のコンコーダンスで，形容詞「うれしい」をレマとして検索した結果です。

　結果は1件ごとに1行で表示されます。これを**コンコーダンスライン**といいます。コンコーダンスラインでは，検索語句のことを**ノード**と呼び，コンコーダンスラインの中央にハイライト表示されます。ノードの左部分を**前文**

Query うれしい **14,016** (34.2 per million)

Page 1 of 701 Go Next | Last

http://000...	建築の」「デザインで」タッチャブルな部分が増えた方が	うれしい	わけです。デザイン以外の
http://000...	建築の」「デザインで」タッチャブルなところが増えることが	うれしい	です。もちろんその場合、
http://www...	気づいてくれたんだって。それでメールが来たんだ。	うれしい	よね」そういいながら森
http://1ha...	ものです。東京都：武藤さん彼女できました～。本当に	うれしい	です。もうマニュアルなん
http://1ha...	大阪府：服部さんやった！！彼女ができました。とても	うれしい	です。しかも、このノウ
http://www...	れたものです。ぜひ何度も何度も聴いていただけると	うれしい	です。まだ聴いていない
http://100...	かシンドイ事だったけど、毎週欠かさず出席できたのは	うれしい	。しかし単位は出席では
http://14d...	・ワンダラーズ！へいらしたようで、一在留邦人としては	うれしい	限りです。ボルトンかよ
http://14d...	中盤の位置に戻ったジウベルトをサイドラインから見るのは	うれしい	ことです。今シーズン、
http://www...	ない時自分の好みにあった品揃えの本屋さんは、とても	うれしい	ものそこに行きますと、
http://www...	な計らいでしっかりと見ることができました。見ていて	うれしかっ	たです。管選手というお
http://www...	フィンランドチームのユニフォームを買ってきていたのだ。	うれし	そうに見せびらかして、
http://www...	思いを、このコンテンツを通じて感じることができて、とても	うれしかっ	たです。どうもありがとう
http://www...	ときの、また今朝テレビに見入っていたときの母は本当に	うれし	そうで、すっごく我慢し
http://www...	まちがってら」くらいの気持ちで寛大に受け止めてくださると	うれしい	です。親切にも「教えて
http://www...	です先週の木曜マニュアルを購入させてもらいました。	うれしい	あまり突然の結果報告さ
http://www...	イラスト（空が「模様」だ）のすぐ後ろに掲載されて	うれしい	。乱歩論はもうええちゅ
http://www...	そうですね。高くないですね。すでにご購入頂いた方から	うれしい	お言葉を頂いています！
http://www...	中の女性がいます。（千葉県：山本裕也様）今日は	うれしい	結果報告です。夏休みに
http://www...	思います。商品がダウンロード出来てすぐに手にはいるのが	うれしい	です。(Yahoo!ID:gol

Page 1 of 701 Go Next | Last

図 1-6 「うれしい」のコンコーダンスライン

脈，右部分を**後文脈**といいます。また，行の先頭には，出典を示すファイル名（ウェブのデータの場合はURL）が表示されます。

http://000...	タッチャブルな部分が増えた方が	**うれしい**	わけです。デザイン以外の何
ファイル情報	前文脈	ノード	後文脈

コンコーダンスでは，ノードの直前と直後，あるいはツールによっては，ノードからの語数を指定して，並べ替えることができます。例えば，「うれしい」という形容詞が叙述的に使われているのか，それとも限定的に名詞を修飾しているのかを調べたいときは，コンコーダンスラインをノードの右（後文脈）で並べ替えると調べやすくなります。図 1-6 のコンコーダンスをノードの右で並べ替えたのが図 1-7 です。「うれしい」の後に句読点が続く例が並んでいます。

並べ替えによって，叙述用法と限定用法をある程度区別して表示できますが，多くの結果のすべてを確認していくのは大変な作業です。このような場

第1章 日本語コーパスとコーパスツール

図 1-7　コンコーダンスの並べ替え

合には，**サンプリング**という機能を使って全体的な傾向をつかむことができます。サンプリングでは，サンプリング数を指定して，コンコーダンスラインを無作為抽出することができます。試しに 250 件サンプリングした例では，20 件が限定用法で，残りは叙述用法だという結果が出ました。そのことから，「うれしい」が限定用法で使われるのは 1 割程度であると推測することができます。

続けて，「うれしい」の限定用法において，どのような名詞が後続するかを調べてみましょう。Sketch Engine のコンコーダンスでは，検索語句に品詞を指定することができます。「うれしい」という形容詞の直後に名詞が出現するパターンを調べると，図 1-8 のようになります。「お便り」，「お話」などの後続名詞が見られます。ここでも数千件の結果があり，すべての用例をコンコーダンスラインで調査するのは難しいので，前述のサンプリング機能を使った方法か，この次で説明する統計サマリーを使うと，全体的な傾向を把握することができます。

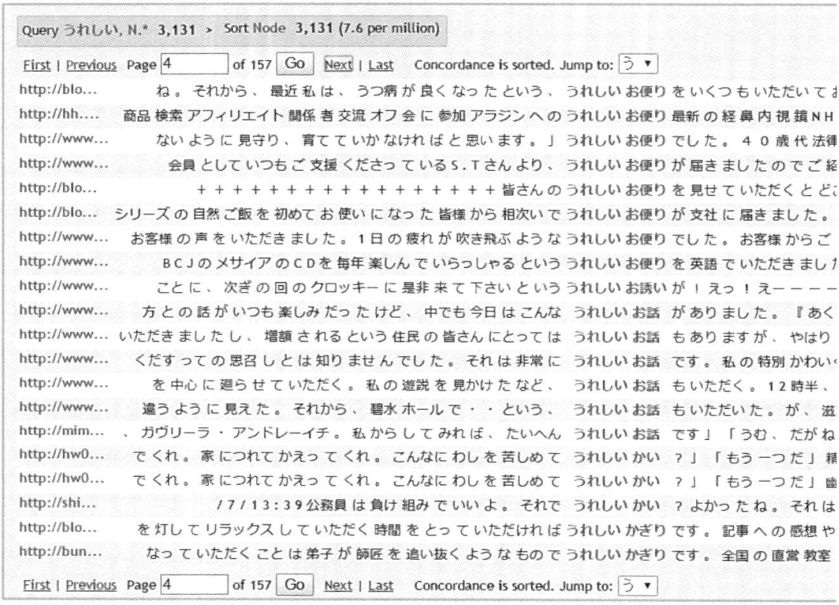

図1-8 「うれしい＋名詞」のコンコーダンス

このほかに，コンコーダンスの重要な機能として，**文脈表示**機能があります。コンコーダンスラインで確認できる文脈には限りがあるため，さらに広い範囲の文脈を確認したいときにこの機能を使います。Sketch Engineのコンコーダンスでは，赤でハイライトされたノードをクリックすると，図1-9のように画面下に文脈が表示されます。

図1-9　文脈表示機能

1.5.3 統計サマリー

　統計サマリーは，コンコーダンスラインのノードの前後に共起する語を集計し，頻度などの統計値を表形式で出力するツールです。コンコーダンスの補助機能として登場したことから，コンコーダンスの機能の一部と見なされることもあります。Sketch Engine においても，統計サマリーは，コンコーダンスの機能の一つとして実装されています。

　これまで見てきたように，コンコーダンスでは，用例の前後の文脈は簡単に確認できますが，結果全体で同様のパターンがどの程度出現しているかを知るには，手作業でコンコーダンスラインをカウントしていく以外に方法はありません。統計サマリーでは，このような手間を省くため，ノードの前後に出現する共起語を集計して，同一のパターンがどの程度出現しているかを示します。コンコーダンスと統計サマリーは通常連動しており，統計サマリー上のコロケーションやパターンをクリックすると，該当するコンコーダンスラインが表示される仕組みになっています。

　それでは，Sketch Engine の統計サマリーの機能を見てみましょう。Sketch Engine では，統計サマリーはコンコーダンスの機能の一部ですので，

word	Freq
P | N うれしい こと	716
P | N うれしい の	353
P | N うれしい 限り	205
P | N うれしい もの	178
P | N うれしい ん	159
P | N うれしい 気持ち	63
P | N うれしい ニュース	61
P | N うれしい 悲鳴	60
P | N うれしい よう	49
P | N うれしい 事	42
P | N うれしい 話	39
P | N うれしい 驚き	31
P | N うれしい もん	30
P | N うれしい 誤算	29
P | N うれしい 出来事	28

図 1-10 「うれしい＋名詞」の集計

まずコンコーダンスを作成してから，統計サマリーの機能を使うという順序になります。例として，先ほど挙げた「うれしい＋名詞」を取り上げます。

Sketch Engine には，統計サマリーに相当する機能が２つ存在します。１つは Frequency と呼ばれる頻度集計機能，もう１つは Collocations と呼ばれる共起語集計機能です。ここでは，頻度集計機能を使って集計してみます。集計すると，図 1-10 のような頻度リストが表示されます。１位は「うれしいこと」，その後に，「うれしいの」，「うれしい限り」，「うれしいもの」が続いています。

1.3.3 でも取り上げた「うれしい悲鳴」の用例をコンコーダンスで確認してみましょう。図 1-10 の「うれしい悲鳴」の行の先頭にある「P」（positiveという意味で，「うれしい悲鳴」を含むコンコーダンスが検索される）をクリックすると，そのコンコーダンスが表示されます（図 1-11）。このように，統計サマリーの結果からそれぞれのパターンのコンコーダンスを簡単に確認することができます。

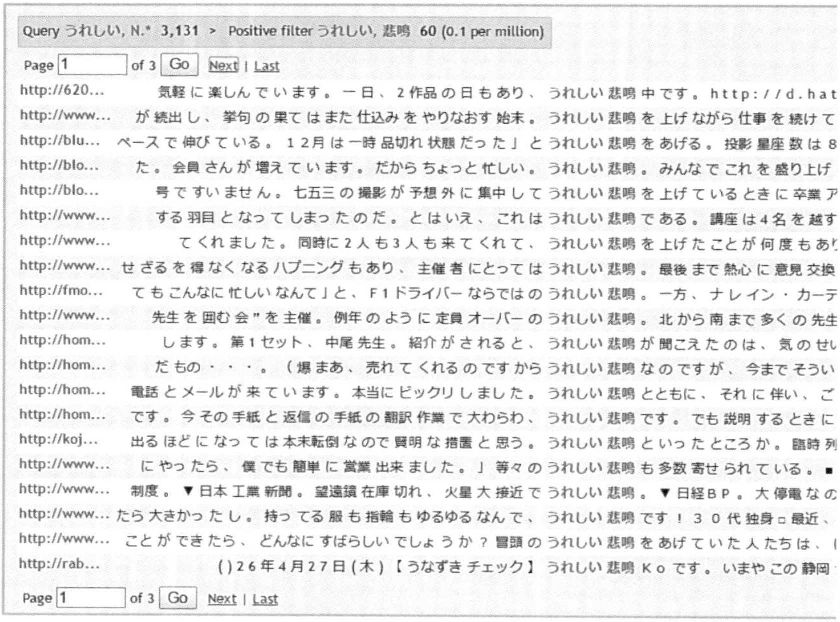

図 1-11 「うれしい悲鳴」のコンコーダンス

同様に，「楽しい＋名詞」についても調べてみると，図 1-12 のような結果が表示されます。

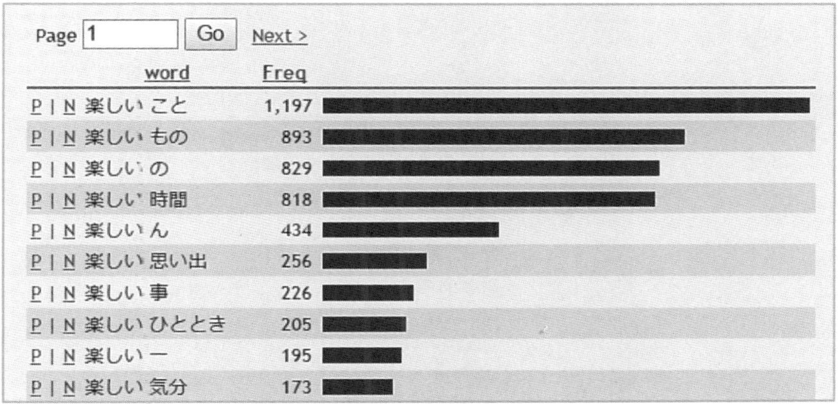

word	Freq
P | N 楽しい こと	1,197
P | N 楽しい もの	893
P | N 楽しい の	829
P | N 楽しい 時間	818
P | N 楽しい ん	434
P | N 楽しい 思い出	256
P | N 楽しい 事	226
P | N 楽しい ひととき	205
P | N 楽しい ー	195
P | N 楽しい 気分	173

図 1-12 「楽しい＋名詞」の集計

次に，動詞の例として，「知る」を取り上げてみましょう。まず，活用形ごとの頻度を求めてみると，図 1-13 のようになります。連用形（「知っ」と「知り」の合計）が最も多く，その後に未然形，終止形・連体形が続いています。

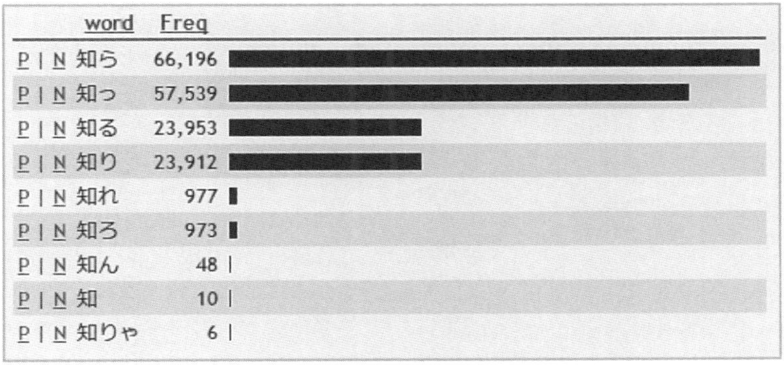

word	Freq
P | N 知ら	66,196
P | N 知っ	57,539
P | N 知る	23,953
P | N 知り	23,912
P | N 知れ	977
P | N 知ろ	973
P | N 知ん	48
P | N 知	10
P | N 知りゃ	6

図 1-13 「知る」の活用形ごとの頻度

この活用形ごとの集計では，ノードの位置にくる語句を集計していますが，

頻度集計機能では，ノードや共起語を最大4つまで組み合わせて頻度を集計することができます。ここでは，動詞「知る」の後にどのような2語が連続するかを調べてみます。結果は図1-14のようになります。テイル形，レル形，否定形などが上位を占めていることが分かります。

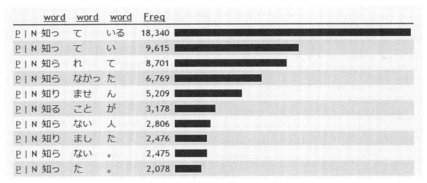

図1-14 「知る」に後続する語

次に，もう1つの統計サマリー機能である共起語集計機能を使ってみます。頻度集計機能と共起語集計機能の違いは，頻度集計機能ではノードまたは特定の位置の共起語から1語，あるいは複数語をひとかたまりにして集計するのに対して，共起語集計機能では，ノードの前後の語数で集計の範囲を指定して，その範囲に出現する共起語をトークン単位で集計する点にあります。先ほどの「知る」に後続する語を例にして，両者の違いを明らかにしましょう。図1-14の場合と同じ範囲になるように，「知る」に後続する

図1-15 共起語の集計（出現形）

2語を設定して，結果を頻度順に表示すると，図1-15のようになります。

図1-14と図1-15を比べると，頻度集計機能と共起語集計機能の違いがよく分かります。頻度集計機能では，ノードから右2語目までをひとかたまりにして集計していますが，共起語集計機能では，ノードの右1語目

	Freq	T-score	MI	logDice
P | N て	50,971	209.528	3.797	7.565
P | N ない	38,726	189.430	4.741	8.466
P | N いる	28,513	159.880	4.233	7.961
P | N た	23,052	131.601	2.908	6.670
P | N れる	15,741	119.220	4.329	7.996
P | N 、	9,957	30.172	0.519	4.301
P | N ます	9,457	79.760	2.475	6.211
P | N こと	9,133	84.879	3.160	6.857
P | N たい	8,280	88.838	5.399	8.736
P | N ぬ	8,232	89.192	5.882	9.068

図1-16　共起語の集計（レマ）

と2語目に出現する語をトークン単位で集計しているのが分かります。共起語集計機能では，出現形のほか，レマでの集計も可能です（図1-16）。

共起語集計機能では，頻度以外の統計値で並べ替えて出力することもできます。ここでは，動詞「引く」のヲ格名詞を例として，MIスコアという統計値で出力してみましょう。結果は図1-17の左の図ようになります。MI

	Freq	MI
P | N 貧乏籤	5	14.764
P | N 貧乏くじ	26	14.168
P | N 後ろ髪	96	13.840
P | N アンダーライン	51	13.154
P | N サイドブレーキ	17	13.127
P | N 引き金	171	12.904
P | N てぐすね	3	12.834
P | N 手ぐすね	7	12.809
P | N 籤	19	12.690
P | N 風袋	3	12.664
P | N リヤカー	15	12.388
P | N 引金	8	12.367

	Freq	MI
P | N 風邪	778	11.758
P | N 線	701	9.912
P | N 手	687	8.036
P | N 目	629	7.120
P | N 興味	492	9.200
P | N 辞書	402	10.998
P | N 身	293	8.405
P | N 尾	271	11.778
P | N 血	212	9.230
P | N 気	185	5.342
P | N 注意	183	7.698
P | N くじ	179	11.236

図1-17　「名詞＋を引く」のコロケーション（左：MI順，右：頻度順）

スコアを使うと，低頻度でも特徴的なコロケーションを抽出できるので，慣用表現などを探したいときに利用できます。ここでは，「貧乏くじを引く」，「後ろ髪を引かれる」，「手ぐすねを引く」などの慣用表現が上位に出現しているのが分かります。図 1-17 の右の図は頻度順に並べ替えたものです。

コロケーション統計でよく使用される頻度以外の統計値には表 1-3 のようなものがあります。

表 1-3　コロケーション統計でよく使用される統計値

統計値	特徴
T スコア　(T-score)	共起の有意性の強さを表す指標
対数尤度比 (log likelihood)	T スコアと同じく，共起の有意性の度合いを示す指標
ログダイス　(logDice)	ダイス係数を対数化した指標．コロケーション統計では最もバランスのとれた指標の一つ
MI スコア　(MI)	低頻度であっても特徴的なコロケーションを抽出できる点で有用な指標．半面，低頻度のものでは数値が高くなりすぎる欠点あり．

以上のように，統計サマリーを利用すると，ノードや共起語の集計結果を元に切り口を変えて，語彙の振る舞いを調べることができます。

1.5.4　レキシカルプロファイリング

レキシカルプロファイリングは，前節の統計サマリーをさらに発展させたツールです。統計サマリーでは，調べたいパターンを検索式でそのつど指定する必要がありますが，レキシカルプロファイリングでは，あらかじめ品詞ごとに典型的なパターンを定義し，事前に統計サマリーを作成しています。そのため，ユーザーはレマを指定するだけで，そのレマの全般的な振る舞いを簡単に調べることができます。第 2 部以降で解説する

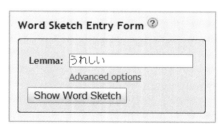

図 1-18　Word Sketch 設定

NINJAL-LWP もこのレキシカルプロファイリングというタイプのツールですが、ここでは、Sketch Engine のレキシカルプロファイリングである Word Sketch を使い、このツールの特徴や利点を概観しておきましょう。

図 1-18 は、レキシカルプロファイリングの設定画面です。通常、指定するのはレマだけで十分です。ここでは、先ほどから取り上げている形容詞「うれしい」を調べてみます。[Lemma] に「うれしい」を入力します。[Show Word Sketch] をクリックすると、図 1-19 のような「うれしい」のレキシカルプロファイリングが表示されます。

うれしい JpWaC freq = 14,016 (34.2 per million)										
bound N	1,877 54.3	Nが	1,672 26.2	Nは	1,625 37.0	modifies N	1,336 14.0	suffix	1,046 1.8	
限り	204 8.75	心遣い	11 7.29	とき	80 4.35	誤算	29 9.14	そう	680 6.57	
かぎり	26 8.11	涙	23 5.57	の	522 4.23	悲鳴	60 8.98	がる	53 6.09	
もん	30 6.13	の	454 4.03	今日	31 3.42	知らせ	28 8.22	げ	15 5.02	
ん	159 5.28	ほう	42 3.77	わたし	12 3.41	反面	14 7.91	さ	269 4.49	
はず	13 4.24	気持ち	21 3.24	僕	21 3.13	驚き	31 7.71	や	14 3.55	
の	353 3.67	こと	306 2.3	時	50 2.79	特典	14 7.04			
こと	716 3.53	方	54 1.82	私	102 2.56	お知らせ	18 6.42			
わけ	12 3.35	何	19 1.75	これ	60 2.1	ニュース	61 5.92			
もの	178 3.32	それ	48 1.65	それ	45 1.55	出来事	28 5.86			
事	42 2.95	言葉	12 1.6	こと	175 1.49	発見	16 5.34			
よう	49 2.41	事	15 1.47			瞬間	12 5.04			
とき	14 1.84	気	12 1.42			気持ち	63 4.84			

図 1-19 「うれしい」のレキシカルプロファイリング（一部）

Sketch Engine のレキシカルプロファイリングでは、文法パターンごとに区分された複数のブロックに共起語が表示されます。図 1-19 は、「うれしい」のプロファイリングの一部ですが、ここにはブロックが 5 つあります。左から順に、「うれしい」の後に非自立の名詞がくるパターン（bound N）、「名詞＋がうれしい」のパターン（N が）、「名詞＋はうれしい」のパターン（N は）、「うれしい＋名詞（非自立、接尾辞以外の名詞）」のパターン（modifies N）、「うれしい＋接尾辞」のパターン（suffix）です。統計サマリーでも、文法パターンを表す検索式を指定すれば、文法パターンごとにこれと同等の集計が可能ですが、レキシカルプロファイリングでは、品詞ごとに文法関係のパターンをあらかじめ定義して集計しておくため、ユーザーがいち

いち文法パターンを検索しなくても，複数の
パターンの集計を一度にまとめて見ることが
できるという利点があります。

4番目の「うれしい＋名詞」のブロックを
例にして，さらに詳しく見てみましょう（図
1-20）。ヘッダーの一番左がパターン名です。

modifies N	1,336	14.0
誤算	29	9.14
悲鳴	60	8.98
知らせ	28	8.22

図1-20　ブロック

modifies N は「名詞修飾」という意味です。2列目は頻度，3列目は統計
サマリーにもあったログダイスです。初期状態では，ログダイスの値の高い

引く　JpWaC freq = 21,957 (53.6 per million)

coord	12,802	3.0	nounを	11,965	3.8	bound V	5,308	2.2	nounに	3,559	2.2	nounが	2,741	2.2
こもる	1,141	10.9	風邪	786	10.28	こむ	93	7.33	手前	43	7.48	血の気	76	9.73
暗もる	380	9.84	辞書	424	9.54	直す	113	6.96	後ろ	73	6.99	潮	83	9.4
潤がす	107	7.95	尾	275	9.3	ぬく	24	6.66	牛	16	5.53	下線	29	8.21
倒す	103	7.25	線	755	8.86	づらい	30	6.29	自宅	19	5.09	腫れ	21	7.77
つる	158	7.08	くじ	191	8.77	なおす	16	5.23	横	18	4.85	アンダーライン	19	7.7
とめる	63	6.83	引き金	173	8.77	しまう	651	5.18	部屋	40	4.7	痛み	46	6.71
はがす	44	6.66	興味	501	8.46	ちゃう	94	4.96	例	40	4.57	線	135	6.66
うける	64	6.64	人目	118	8.21	みる	336	4.57	馬	14	4.44	毒	17	6.41
かえる	74	6.62	後ろ髪	97	8.01	ゆく	26	4.53	絶対	14	4.44	汗	22	6.05
引ける	39	6.36	血	216	8.0	あう	18	4.48	家庭	17	4.03	波	15	5.92
よせる	36	6.34	糸	114	7.73	やすい	64	4.28	どこ	37	3.89	ライン	24	5.88
つれる	38	6.34	身	297	7.56	てる	343	4.18	為	12	3.75	熱	24	5.67

suffix	2,402	0.8	nounは	2,166	2.8	nounで	1,874	2.3	nounから	1,353	5.0	modifier Adv	1,069	2.9
気味	54	7.38	風邪	22	6.05	辞書	94	8.49	給料	20	6.01	ドン	68	9.72
れる	1,990	4.5	辞書	13	5.59	定規	16	7.85	収入	15	4.47	ひらひら	18	8.95
せる	152	2.86	痛み	15	5.15	辞典	20	6.88	そこ	46	3.75	やや	15	7.3
そう	52	2.85	今度	14	4.57	神社	12	5.69	経']営	12	3.11	ちょっと	113	6.96
方	74	2.27	線	30	4.5	風邪	16	5.63	顔	12	2.35	そのまま	26	6.45
下	14	2.26	僕	35	3.85	裏	27	5.5	世界	13	1.48	決して	17	6.44
			あと	12	3.71	おかげ	12	4.74	仕事	12	1.16	一気に	12	6.35
			今日	27	3.21	どこ	40	4.03	前	15	1.14	少し	55	6.3
			とき	35	3.16	線	14	3.41				ゆっくり	20	6.25
			水	14	3.07	まま	13	3.41				ずっと	15	5.42
			彼女	16	3.04	ここ	45	3.23				また	18	4.94
			彼	27	2.94	ところ	37	2.24				すぐ	14	4.65

nounまで	235	2.4
いつ	12	3.3
ここ	14	1.56
今	18	1.45

図1-21　「引く」のレキシカルプロファイリング

順に表示されますが，頻度順に並べ替えることもできます。各共起語の頻度の部分をクリックすると，そのコロケーションを含むコンコーダンスが表示されます。例えば，「誤算」の頻度の29をクリックすると，「うれしい誤算」のコンコーダンスが表示されます。このような仕組みは，統計サマリーがコンコーダンスと連動しているのと同様です。

では次に，動詞「引く」のレキシカルプロファイリングを見てみましょう（図1-21）。動詞の場合は，先ほどの形容詞とは異なる文法パターンが表示されます。動詞を含む主な文法パターンをまとめたのが表1-4です。

表1-4 動詞を含む主な文法パターン

項目名	文法パターン
noun が [を，に，へ，で，から，まで]	名詞＋格助詞＋見出し動詞
noun は	名詞＋副助詞「は」＋見出し動詞
bound V	見出し動詞＋補助動詞
coord	見出し動詞＋自立動詞
suffix	見出し動詞＋接尾語（名詞，動詞，形容詞）
modifier Adv	副詞＋見出し動詞

「名詞＋が引く」のパターン（noun が）を詳しく見てみましょう（図1-22）。最もログダイスが高いのが「血の気が引く」です。以下，「潮」，「下線」，「腫れ」，「アンダーライン」と続いています。ここで注意が必要なのは，ガ格名詞の後にはいつも終止形の「引く」が続くとは限らない点です。「下線」や「アンダーライン」では，「下線が引く」とか「アンダーラインが引く」とは言いません。実際の用例を見て，「引く」がどのような形で使われているかを確認しましょう。「下線」の頻度の29をクリックすると，図1-23のようなコンコーダンスが表示されます。用例を調べていくと，「下線が引

nounが	2,741	2.2
血の気	76	9.73
潮	83	9.4
下線	29	8.21
腫れ	21	7.77
アンダーライン	19	7.7
傍線	10	6.85
痛み	46	6.71
線	135	6.66
幕	17	6.41
引き金	8	6.13
斜線	6	6.09
汗	22	6.05

図1-22 「引く」のガ格名詞

いてある」が最も多く，次に「下線が引かれている」が多いことが分かります。「アンダーライン」，「傍点」，「線」，「斜線」についても，同様のことが言えます。

```
http://hom...    バック 側 の 系図 でも、 下線 が 引かれ て いません。 し
http://blo...    では 変わっ た 部分 に 下線 が 引かれ て いる が、 この
http://www...    ページ を 閲覧 したり、 下線 が 引か れ た 単語 の 説明 を
http://dez...    ん。 まず 困る のは、 下線 が 引い て ある のに リンク
http://www...    から 変更 さ れ た 部分 に 下線 が 引い て あります。 下線
```

図 1-23 「下線が引いてある／引かれている／引かれる」のコロケーション

　もう一つの例として，動詞「着く」のガ格名詞を見てみましょう。図 1-24 は，「着く」のガ格名詞のコロケーションです。4 番目に「足が着く」というコロケーションがありますが，どのような形で使われているか，頻度の 76 をクリックして，実際の用例を確認してみましょう。図 1-25 が「足が着く」のコンコーダンスです。コンコーダンスラインを順に見ると，ほとんどの場合が「地に足が着く／着かない」という慣用的な意味で使われているのが分かります。

noun が	1,203	2.2
決着	22	7.6
ファックス	6	6.47
列車	17	6.22
救急車	6	5.95
足	76	5.85
船	45	5.8

図 1-24 「着く」のガ格名詞

```
http://nao...    が ある よう で。 地 に 足 が 着い て なく て 浮世 離れ して
http://www...    飛び込み ました。 すぐ に 足 が 着か なく なります。 ほんの
http://oda...    ゆく。 その 過程 が 地 に 足 が 着い た 視線 で 描か れ て いく
http://www...    より、 現実 的 で 地 に 足 が 着い て いる と 言え そう だ。
http://www...    解け、 瑤子 の 足 が 地面 に 着い た。 直後、 瑤子 は 旋風
```

図 1-25 「足が着く」のコンコーダンス

　さらに，共起語集計機能を使って，前後の共起語を確認してみましょう。共起語の抽出の範囲を左 5 語目から右 3 語目に設定して，頻度順に並べ替えたのが図 1-26 です。

3番目に格助詞「に」があることから、この表現は「…に足が着く」（または「足が…に着く」）の形で用いられることが推測できます。4番目の「地」は62回出現しています。全体76件のうち62件、つまりは8割以上は、「地に足

	Freq	T-score	MI	logDice
P | N 足	76	8.717	13.548	6.184
P | N が	76	8.536	5.584	-1.777
P | N に	72	8.266	5.271	-2.090
P | N 地	62	7.873	12.488	5.125
P | N て	34	5.556	4.405	-2.956
P | N ない	26	4.975	5.358	-2.003
P | N いる	26	4.969	5.292	-2.069
P | N た	23	4.515	4.097	-3.264

図1-26 「足が着く」の共起語

が着く」（または「足が地に着く」）という形で使われていることが分かります。「地」の先頭のP（positiveという意味）をクリックすると、「足が着く」と「地」が共起するコンコーダンスが確認できます。調べてみると、ほとんどが慣用的な意味で用いられていることが確認できます。国語辞典では、ふつう「地に足が着かない」と否定形で示されていますが、「地に足が着く」（「足が地に着く」も含む。以下同様）という肯定形と「地に足が着かない」という否定形の使用割合を調べてみましょう。「ない」の先頭のPをクリックして、「地に足が着かない」の用例を確認すると、26件中23件が該当することが分かります。つまり、否定形が23件、肯定形が62-23=39件という結果になり、このコーパス（JpWaC）では、「地に足が着く」という肯定形のほうが多いことが分かります。ここから、否定形だけでなく、「地に足が着く」という肯定形もよく使われていることが推測されます。

　ここまで、形容詞と動詞のプロファイリングの例を見てきましたが、最後に名詞の例として、「社会」を取り上げます。図1-27が「社会」のプロファイリングです。

社会 JpWaC freq = 195,484 (477.5 per million)

suffix	39,614	4.1	のpronom	23,971	2.6	pronomの	17,431	1.9	をverb	11,575	1.2	にverb	10,931	2.2
学	3,714	9.89	実現	603	8.96	日本	1,254	7.17	築く	195	8.02	溶け込む	60	7.25
的	23,626	9.55	一員	361	8.68	現代	164	7.17	めざす	101	7.4	及ぼす	115	7.12
科	1,048	8.93	形成	400	8.58	女性	406	7.12	支える	229	7.33	於く	57	6.97
人	5,696	7.49	到来	231	8.16	現在	325	7.07	つくる	451	7.23	向ける	272	6.88
派	382	7.2	航海	203	7.93	当時	160	6.94	目指す	238	6.97	根付く	46	6.81
づくり	286	6.87	発展	364	7.86	企業	463	6.92	生き抜く	51	6.96	役立つ	96	6.65
史	238	6.85	構築	245	7.71	現実	214	6.86	迎える	170	6.77	もたらす	126	6.54
面	354	6.63	変化	447	7.69	我々	168	6.66	変える	307	6.74	根ざす	33	6.4
性	1,415	6.46	あり方	261	7.48	わが国	79	6.64	作り上げる	59	6.61	送り出す	37	6.33
論	284	6.39	仕組み	245	7.45	既存	69	6.53	創る	62	6.59	生きる	271	6.28
部	345	6.29	なか	295	7.13	我が国	79	6.48	担う	67	6.26	出る	1,040	6.16
化	755	6.09	ニーズ	170	7.13	われわれ	99	6.47	動かす	83	6.2	受け入れる	96	6.13

particle	8,773	1.7	でverb	4,858	2.0	がverb	3,663	1.0	modifier_Ana	3,595	4.7	modifier_Ai	2,476	2.9
における	1,953	9.45	生きる	203	5.94	成り立つ	36	6.03	豊か	311	8.76	広い	230	7.84
において	1,774	8.95	暮らす	46	5.77	抱える	54	5.78	健全	102	8.19	新しい	449	7.24
にとって	533	7.53	生き残る	16	5.66	生み出す	27	5.24	公正	78	7.98	望ましい	37	6.7
に対する	518	7.44	役に立つ	19	4.91	作り出す	14	5.02	深刻	81	7.51	貧しい	28	6.5
に対して	498	7.28	働く	71	4.86	受け入れる	37	5.01	立派	64	7.36	幅広い	26	6.34
という	904	6.21	果たす	31	4.68	変わる	105	4.75	さまざま	144	7.2	やさしい	22	6.27
に対し	70	6.12	起こる	56	4.64	動く	41	4.5	平等	43	7.1	ふさわしい	16	6.06
にたいして	19	5.91	育つ	19	4.56	進む	63	4.47	様々	172	7.08	優しい	30	5.96
に関する	145	5.71	受け入れる	27	4.51	やってくる	20	4.41	新た	143	7.07	著しい	18	5.94
こそ	59	5.58	役立つ	17	4.46	創る	82	4.25	広範	26	6.93	厳しい	62	5.93
といった	35	5.31	育てる	17	3.89	生まれる	36	4.25	複雑	81	6.92	明るい	23	5.47
におきまして	22	5.01	起きる	26	3.72	支える	18	3.93	公平	23	6.42	やすい	134	5.39

からverb	2,406	3.0	coord	2,279	0.2	はverb	2,227	1.0	prefix	1,503	0.9	へverb	1,256	5.5
取り残す	22	6.92	理科	14	6.65	成り立つ	49	6.59	反	742	10.94	向ける	28	3.79
切り離す	16	6.32	密接	15	6.42	動く	29	4.04	旧	97	7.49	図る	14	3.41
消える	15	3.9	文化	150	6.41	変わる	57	3.89	脱	22	7.17	進む	17	2.62
離れる	17	3.77	国家	49	5.75	進む	16	2.52	新	258	6.96	出る	59	2.05
受ける	64	3.32	経済	116	5.53	認める	18	2.5	非	69	6.14	いく	58	1.42
得る	35	2.52	集団	25	5.51	求める	15	1.81	全	74	5.89			
認める	16	2.33	権力	15	5.2				現	16	5.65			
られる	108	2.27	政治	59	5.08				諸	34	5.65			
れる	420	2.26	家庭	29	4.85				小	19	4.24			
求める	19	2.15	個人	47	4.58				各	25	3.78			
しまう	54	1.59	自然	33	4.39				元	17	3.36			
見る	56	1.42	環境	46	4.32				今	40	2.6			

図 1-27 「社会」のレキシカルプロファイリング（一部）

名詞を含む主な文法パターンをまとめると表 1-5 のようになります。
ここでは，「社会＋接尾語」のパターン（suffix）を詳しく見ていきます。

表 1-5 名詞を含む主な文法パターン

項目名	文法パターン
が［を，に，へ，で，まで，から］verb	見出し名詞＋格助詞＋動詞
は verb	見出し名詞＋副助詞「は」＋動詞
が Adj	見出し名詞＋格助詞「が」＋形容詞
は Adj	見出し名詞＋副助詞「は」＋形容詞
modifier Ai	イ形容詞＋見出し名詞
modifier Ana	ナ形容詞＋見出し名詞
prefix	接頭語＋見出し名詞
suffix	見出し名詞＋接尾語
の pronom	見出し名詞＋連体助詞「の」＋名詞
pronom の	名詞＋連体助詞「の」＋見出し名詞
coord	見出し名詞＋並立助詞＋名詞
particle	見出し名詞＋複合助詞・係助詞など

図 1-28 が「社会＋接尾語」のコロケーションです。トップには「社会学」，その後に「社会的」，「社会科」，「社会人」，「社会派」が続きます。「社会＋接頭語」のパターンは 4 万件近くありますが，「社会的」はそのうちの約 6 割を占めています。さらにこの「社会的」を詳しく調べてみましょう。「的」の頻度 23,626 をクリックして，「社会的」のコンコーダンスを表示します。次に，「社会的」の後にどのような語が共起するかを調べてみます。図 1-29 のような結果が表示されます。

結果を見ると，「社会的」＋断定の助動詞「だ」と，「社会的」＋格助詞「に」が上位 2 つを占め，その後に「社会的責任」，「社会的地位」など，名詞が後続する例が続いています。このように，レキシカルプ

suffix	39,614	4.1
学	3,714	9.89
的	23,626	9.55
科	1,048	8.93
人	5,696	7.49
派	382	7.2
づくり	286	6.87
史	238	6.85
面	354	6.63
性	1,415	6.46
論	284	6.39
部	345	6.29
化	755	6.09

図 1-28 「社会＋接尾語」

lemma	Freq
P | N だ	4,792
P | N に	3,032
P | N 責任	1,002
P | N 地位	629
P | N ・	597
P | N 、	594
P | N 弱者	326
P | N 影響	234
P | N 評価	191
P | N 背景	190
P | N 問題	182
P | N 役割	162
P | N 活動	150
P | N 関係	148
P | N 存在	146
P | N 価値	141
P | N 機能	131
P | N 使命	126

図 1-29 「社会的」に後続する語

ロファイリングのコロケーションから，そのコロケーションのコンコーダンスラインや共起語をたどっていくことで，個々の表現の使用実態を詳細に分析することができます。

　動詞のところでも述べましたが，プロファイリングに示されたコロケーションを見る場合には注意が必要です。例えば，形容詞修飾（modifier Ai）を見ると，トップに「広い社会」があります（図1-30）。しかし，コンコーダンスラインで確認すると，「広い社会」ではなく「広く社会…」の形で使われており，「広く」は社会を修飾していないことが分かります。また，4番目の「手厚い社会」のコンコーダンスを調べると，すべて「手厚い社会保障」という形で使われており，「手厚い」のは「社会」ではなく「保障」

modifier Ai	2,476	2.9
広い	230	7.84
新しい	449	7.24
望ましい	37	6.7
手厚い	10	6.69

図 1-30　形容詞＋「社会」

であることが分かります。

　レキシカルプロファイリングでは，前でも述べたように，文法パターンを検索式として表現していますが，検索式では細かな前後関係まで十分に補捉できない場合もあり，必ずしもすべてのコロケーションが正しく抽出されているわけではありません。レキシカルプロファイリングのツールを使うときは，このような誤りがあることを意識しながら，調査分析にあたっては，実際の用例に当たって確認するという姿勢が大切です。

1.6　利用可能なオンラインの日本語コーパスとツール

　前節では，Sketch Engine で提供されている各種機能を紹介しながら，ワードリスト，コンコーダンス，統計サマリー，レキシカルプロファイリングという4つのコーパスツールの機能と特徴を明らかにしてきました。本節では，一般ユーザーがすぐに利用できるオンラインの日本語コーパスとツールについて紹介していきます。ここで，「すぐに利用できる」という意味は，「コーパスとコーパスツールが一体となって提供されている」ということです。ここでは，ツール一体型のオンラインの日本語コーパスを紹介します。

1.6.1　BCCWJ とそのツール

　BCCWJ は，『現代日本語書き言葉均衡コーパス』の英語 Balanced Corpus of Contemporary Written Japanese の略です。国立国語研究所が中心となって構築された現代日本語の書き言葉のコーパスで，2011 年に一般に公開されました。「均衡」というのは，現代日本語の書き言葉を母集団と考え，それを忠実に再現するミニチュアになるように設計された，という意味です。BCCWJ の主要部分を構成する「出版サブコーパス」と「図書館サブコーパス」では，このような考えに基づいて，母集団からランダムサンプリング（無作為抽出）するという方針でテキストが収集されています。出版サブコーパスでは，2001～2005 年の刊行物を母集団とし，図書館サブコーパスでは，1986～2005 年に刊行された書籍で，東京都内の 52 の自治体の図書館が所蔵しているもののうち，13 館以上で所蔵されている書籍を母集団としています。これら2つの主要なサブコーパス以外に，Yahoo! 知恵袋，国会会議録，ベストセラー，白書，教科書など，母集団から均衡的に収集したものではない

特定目的のサブコーパスも含まれます。コーパスの総語数は約1億語で，規模としては，1990年代にイギリスで構築されたBNC（British National Corpus）に匹敵します。

　BCCWJを利用する上で一つ注意が必要なことがあります。出版年の幅では30年（1976～2005年）ほどの期間に収まっていますが，初刊年や実際に書かれた年はそれ以前に遡るものが含まれている点です。例えば，出版サブコーパスには，谷崎潤一郎の長編小説『卍』（まんじ）のデータが含まれています。次は，「その二十五」の一節です。

> 夫は直きに座ア立って，「えらいお邪魔しました，どうぞ又お出かけになれるようになったら遊びに来て下さい」云うて，「もうおそいさかいお前も一緒に帰ったらえゝ」云いますのんで，「何ぞ訳あるに違いないよって今日は此れで帰る。…

　BCCWJの書誌情報を見ると，出版年は1980年ですが，谷崎がこの小説を雑誌『改造』に発表したのは，それより50年以上も遡る1928年のことです。BCCWJの書誌情報データには，作者（出版者）の生年代が含まれていますので，この情報をもとに古い時代のデータを割り出すことは可能です。

　では，BCCWJ用のオンラインツールを順に見ていきましょう。表1-6にBCCWJのオンラインツールをまとめました。順にツールの機能や特徴などを見ていきます。

表1-6　BCCWJのオンラインツール

ツール名	URLおよびツールの種類
中納言	https://chunagon.ninjal.ac.jp レマ，品詞，活用形などの指定可能なコンコーダンス
少納言	http://www.kotonoha.gr.jp/shonagon/ 文字列検索型のコンコーダンス
NLB （NINJAL-LWP for BCCWJ）	http://nlb.ninjal.ac.jp/ レキシカルプロファイリング

第1章 日本語コーパスとコーパスツール

■中納言

中納言は，BCCWJ用の**コンコーダンサ**です。主にコンコーダンス機能を提供するツールをコンコーダンサといいます。Sketch Engineのような統計サマリーの機能はありません。中納言の最大の特徴は，出現形に加え，レマや品詞を組み合わせた詳細な検索条件を指定できる点です。無償で利用できますが，文書による利用登録が必要です。ここでは，中納言を利用するときの注意点について絞って解説します。

図1-31は中納言の検索画面です。中納言では，短単位検索，長単位検索，文字列検索の3種類の検索方式があります。画面上部のタブで切り替えができるようになっています。このうち，最も分かりやすいのが「文字列検索」です。使い方は，Googleなどの検索エンジンで検索するのとほぼ同じ要領です。レマや品詞を組み合わせた検索はできませんが，ワイルドカードを使った検索が可能です。

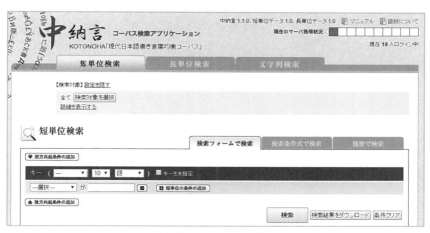

図1-31　中納言の検索画面

短単位検索と長単位検索については，BCCWJの形態論情報に関する知識が必要になります。BCCWJでは，UniDicという形態素解析用の辞書に基づいて言語情報が付与されており，このUniDicの出力をもとにして，短単位と長単位という2つの言語単位に分割しています。短単位と長単位の違い

を簡単に言えば，語を短く切るのか，周辺の語もまとめて長く切るかの違いだということができます。例えば，「お金」ということばがあります。私たちはふだんあまり意識せずに「お金」を1つの名詞であるかのように使っていますが，実際は，接頭語の「お」と名詞の「金」が結びついた複合語です。短単位では，「お」と「金」の2つの単位に分割します。これに対して，長単位では「お金」を1つの単位として扱います。長単位では，このような複合語を1つの単位として扱うという点を理解しておけば，短単位検索と長単位検索を使い分ける際の大きなヒントになります。実際に短単位で「お金」と入れても何も結果が返ってきませんが，長単位で検索すると9,793件の結果が見つかります[5]。検索して結果が返ってこないときは，短単位と長単位の取り違いが原因になっている可能性があります。

　では，実際の検索のしかたを見ていきましょう。まず，テキストに現れたそのままの形で調べる場合を取り上げます。中納言では，これを**書字形出現形**と呼んでいます。例えば，図1-32のように，ひらがなで「こつ」を指定すれば，ひらがなの「こつ」の用例が返ってきます（図1-33上）。また，カタカナで「コツ」を検索すれば，カタカナの「コツ」の用例が返ってきます（図1-33下）。

図1-32　書字形出現形「こつ」の検索

5　後述するように，「御金」で検索する必要があります。

第1章　日本語コーパスとコーパスツール

サンプルID	前文脈	キー	後文脈
OC08_03492	みよう|に|思い|ます|。|レシピ|と|おいしく|食べ|られる|	こつ	|を|教え|て|ください|。|大根|は|新鮮|な|物
PB5n_00017	|雰囲気|と|フィーリング|です|。|ヘア|&|メーク|の|	こつ		|服|の|色|によって|シャドー|の|色
PB43_00113	で|ある|が|、|かう|した|隙|表現|の|	こつ	|を|自ず|と|会得|する|(|5|)|同右| |六十
OP63_00002	。| |みんな|で|楽しく|脳|を|イキイキ|さ|せる|	こつ	|を|学び|ませ|ん|か|。|とき| |5|月
PB59_00378	は|もちろん|の|こと|、|荷車|引き|に|は|少々|	こつ	|の|いる|橋|だ|と|言っ|て|よい|。|

サンプルID	前文脈	キー	後文脈
PM11_00029	を|せ|ず|欲しい|もの|だけ|を|手|に|入れる|	コツ	|!|!| |チェック|の|際|、|もう|着|ない|アイテム
PB43_00571	カ|アップ|の|コツ| |効率|よく|仕事|を|終わら|せる|	コツ	|*|仕事|は|5|分類|して|優先|順位|を
PB27_00169	真っ|直ぐ|な|良い|音|を|出す|に|は|	コツ	|が|ある|ん|だ|。|それ|は|腹式|呼吸|って
OC04_01167	上手|な|使い|方|、|有効|な|使い|方|の|	コツ	|を|教え|て|ください|。|時間|の|使い|方|が
PM53_00024	対応|し|て|、|メリット|を|提示|する|の|が|	コツ	|。|この|際|、|質問|を|促し|たり|、|ニーズ

図 1-33　書字形出現形の「こつ」と「コツ」の検索

次に，動詞などの用言で活用形をまとめて検索する場合を見てみましょう。このような検索はレマによる検索になりますが，中納言では，レマのことを**語彙素**と呼んでいます。例えば，動詞「着く」の語彙素は，終止形の「着く」になります。図1-34のように，語彙素として「着く」を指定して検索すると，「着く」のひらがな表記も含めたすべての変化形の結果が返ってきます（図1-35）。

図 1-34　語彙素「着く」の検索

PN3k_00020	夜	、	成田	空港	経由	で	上野	動物園	に		着い		た	。	
LBt5_00065	また	がっ	て	、	夕刻	に	ビュロウ	氏	の	農園	に		着く		つもり	で	、	ハートフォド	から	は
PB51_00048	を	し	た	。	当地	の	大学	教授	職	に		つこう		として	徒労	に	終わっ	て	から	
PN1k_00001	十	二	日	の	払暁	に	は	無事	リスボン	に		着き		、	昼過ぎ	に	は	マドリード	に	も

図 1-35　語彙素「着く」の検索結果

39

特定の表記を検索したいときは，語彙素ではなく**書字形**を指定します（図1-36）。用言を指定した場合は，変化形も含めて検索されます。この場合は，先ほどとは違って，ひらがな表記の「つく」は検索されません。

図 1-36　書字形「着く」の検索

語彙素を使って検索するときは，語彙素の表記について注意が必要です。先ほどの「お金」の場合，長単位の語彙素は「お金」ではなく「御金」になっています。そのため，語彙素に「お金」を指定して長単位で検索しても結果は返ってきません。語彙素で「お金」を調べるときは，「御金」を使う必要があります。中納言の語彙素はふつう漢字表記されている場合がほとんどですが，人名と地名についてはカタカナ表記になっています。ですから，語彙素を指定するときは，漢字表記がある場合は漢字で指定するのが一つの指針になります。

語彙素の表記を正確に知りたい場合は，文字列検索を使って調べる方法があります。文字列検索のタブをクリックして，検索テキストボックスに「お金」と入れて，［検索］ボタンをクリックします（図 1-37）。

図 1-37　中納言の文字列検索

検索結果が表示されたら，1 番目の結果のサンプル ID（一番左の列）をクリックします。すると，前後にくる語の言語情報が表示されます。5 列目に語彙素の情報があります。「お金」の語彙素を見ると，図 1-38 のように，

第1章　日本語コーパスとコーパスツール

「お」が「御」,「金」が「金」になっています。これで,「お金」の語彙素は「御金」であることが確認できます。

| OC09_14568 | 150 | お | オ | 御 | | 接頭辞 | | | オ | 和 | お |
| OC09_14568 | 160 | 金 | カネ | 金 | | 名詞-普通名詞-一般 | | | カネ | 和 | 金 |

図1-38　語彙素の表記の確認

　最後に,品詞を指定する場合を見てみましょう。Sketch Engineで取り上げた動詞「着く」のガ格名詞を調べてみます。パターンは「名詞+が着く」になりますが,検索するときはこれを「名詞」,「が」,「着く」のように3つに分ける必要があります。検索条件の指定は図1-39のようになります。

図1-39　品詞を指定した検索

　結果は図1-40のようになります。ここでは,［後方共起2］の語彙素「着く」が,キーであるガ格名詞から2語離れているという指定にしていますので,ガ格名詞+格助詞「が」の直後に「着く」が来る例のみが検索されます。
　ガ格名詞と「着く」の間にはニ格が入る可能性があるので,もう少し範囲を広げて検索してみましょう。図1-41のように,「着く」をガ格名詞から5語以内に変更します。
　図1-42がその結果です。ガ格名詞と「着く」の間にニ格名詞がある例(「警

サンプルID	前文脈	キー	後文脈	語彙素
PB59_00156	入らう|と|思ふ|と、|ズボン|に|中々|立派|な	革帯	|(が)|(着い)|てる|の|で、|一寸|見せ|て|貰はう	皮帯
PB39_00178	いなかった|。|、|二人|とも|東京|駅|に	列車	|(が)|(着き)|、|車掌|に|よって|発見|され	列車
LBf4_00004	は|まったく|逆|。|どう|すれば|凱旋|門|に	苔	|(が)|(着か)|ない|か|日夜|頭|を|悩ませ|て	苔
OC10_01411	と|思って|いる|の|です|が、|前|に	テーブル	|(が)|(着い)|て|いる|の|と|ついて|い|ない	テーブル
OY03_10287	よ|。|でも|ね、|博多|駅|に|新|	幹線	|(が)|(着い)|た|の|が|十|時|ちょうど|Kらい|。	幹線
LBg6_00018	早朝|五|時|〜|六|時|に|夜|漁|の|	舟	|(が)|(着い)|て、|ピチピチ|と|はねる|シバエビ|や|ホワイト	船
LBe9_00215	さん|の|行方|が|わかり|ました、|と|いう	手紙	|(が)|(着き)|ました|。|それ|で、|千|九|百	手紙
OM11_00005	説明|で|あります|けれど|も、|ある|程度|の|	品物	|(が)|(着い)|て、|それ|から|商業|活動|を|始める	品物
LBl9_00179	残し|て|いる|。|駅|は|ひときわ|明るい|けれど、|	電車	|(が)|(着か)|ない|間|は|たいした|人け|も|ない|。	電車

図 1-40 「ガ格名詞＋が着く」の結果

図 1-41 「名詞＋が着く」の検索範囲を広げた指定

LBm9_00245	調べ|て|み|ない|と|ね|」|と|答え|た|。|、|県|警|本部|から|捜査|主任|官|の|	警部	|(が)|(現場)|に|(着い)|た|。|一見|して|強盗|殺人|事件|で|ある|。|警部|は|外部|から|の	警部
LBo9_00046	と、|一番|先|に|声|を|かけ|た|の|は|、|雅|乃|だっ|た|。|彼女|は|、|	日美子	|(が)|そろそろ|(着く)|頃|だ|と|思い、|出迎え|て|くれ|た|の|だ|。|、|いつも|の|よう	ヒミコ
PB47_00014	、|厨房|へ|行って|自分|で|探して|食べ|な|けれ|ば|なら|なかった|。|また|船腹|は|、|	船	|(が)|港|に|(着く)|たび|に|上|から|荷物|が|降って|K|る|蒸し|暑い|暗い|穴蔵|だっ|た|。|じっと	船

図 1-42 ガ格名詞と動詞との検索範囲を広げた結果

部が現場に着いた」）や修飾語がある例（「日美子がそろそろ着く」）が見つかります。

しかし，検索結果を見ていくと，「チャイムが鳴り響く教室に着いた」（図1-43）の「チャイム」のように，名詞が「着く」のガ格名詞ではない例も出てきます。

第1章　日本語コーパスとコーパスツール

| PN3o_00018 | ぐるぐる|と|考え|を|巡ら|せ|ながら，|子ども|たち|の|笑い声|や|所狭し|と|駆け回る|足音|，|始業|の| | チャイム | |(が)|鳴り響く|教室|に|(着い)|た|。|いつ|も|の|取材現場|と|は|まったく|雰囲気|の|違う|場所|で |

図 1-43　「着く」のガ格名詞ではない用例

　これは，検索範囲を広げたせいで，本来のガ格名詞以外の名詞まで拾ってしまうことから起こる誤りです。このような場合には，途中に（今の例であれば，格助詞の「が」と「着く」の間に）動詞を含まないという条件を指定できれば，さらに，精度のよい抽出が可能になりますが，中納言ではこのような条件指定はできません。

■少納言

　少納言は，BCCWJ 向けの簡易型のコンコーダンサです。中納言では，出現形に加えて，レマ，表記，活用形，品詞などを組み合わせた複雑な検索ができますが，少納言は，出現形のみに対応した文字列検索のコンコーダンサです。特定の表現を手っ取り早く調べることができますが，詳細な言語調査や分析には向きませんので，詳しい解説は省きます。

■ NLB（NINJAL-LWP for BCCWJ）

　NLB は，BCCWJ 向けのレキシカルプロファイリング型のツールです。LWP は，Lago Word Profiler の略で，lago は筆者（赤瀬川）の研究所名の一部です。1.5.4 で述べた Sketch Engine の Word Sketch とほぼ同等の機能を提供します。NLB の詳しい機能や使い方については，次章で詳しく取り上げます。ここでは，NLB で使用しているデータについて解説します。

　NLB では，BCCWJ の DVD 版の文字ベース XML の可変長データを使用しています。ただし，著作権上の理由から，出版サブコーパスの新聞（約94 万語）は含まれていませんので，注意が必要です。先の中納言や少納言では出版サブコーパスの新聞も検索対象に含まれていますが，NLB には含まれてないため，中納言の結果と NLB の結果を比較するような場合にはその点を考慮する必要があります。

　また，形態素情報についても，中納言と NLB では異なっています。中納言では，形態素解析用の辞書に UniDic を使用しています。一方，NLB では，IPA 辞書と呼ばれる別の辞書を使って形態素情報を付与しています。そのた

め，語（正確には形態素）の区切りの位置が異なることから，中納言とNLBの検索結果が異なってくる場合が出てきます。

1.6.2 筑波ウェブコーパスとそのツール

BCCWJなどの大規模均衡コーパスの開発には，多大な時間と費用がかかることから，1億語を超える大規模なコーパスでは，インターネット上のデータを収集して構築することが現実的になっています。このように，ウェブ上のテキストデータを収集して構築したコーパスを**ウェブコーパス**と呼びます。筑波ウェブコーパス（略称TWC）は，日本語のウェブサイトから収集した11億3800万語からなる日本語の大規模ウェブコーパスです。

筑波ウェブコーパス用のオンラインツールは，NLT（NINJAL-LWP for TWC）のみです（表1-7）。このツールは，NLBと同じインターフェースをもつレキシカルプロファイリング型のツールで，詳しくは次章で取り上げます。

表1-7 筑波ウェブコーパスのオンラインツール

ツール名	URLおよびツールの種類
NLT （NINJAL-LWP for TWC）	http://nlt.tsukuba.lagoinst.info/ レキシカルプロファイリング

ウェブコーパスの特徴は，規模の大きさのほかに，一般の日本人の書いた多様な日本語が収集されている点にあります。このような特徴を利用して，正用と誤用の使用実態を調べることができます。例えば，「怒り心頭に発する」という表現には，「怒り心頭に達する」という誤用があります。

図1-44 「心頭に発する」と「心頭に達する」（上：NLB，下：NLT）

NLB と NLT でこの 2 つの表現がどの程度見つかるのかを調べてみましょう。図 1-44 がその結果です。NLB では，「心頭に達する」はわずか 1 件のみ（3.8%）ですが，NLT では 31 件（30.4%）見つかります。BCCWJ では，書き手の大多数が文章を書くのを専門とする人かまたはそれに準ずる人です。それに対して，筑波ウェブコーパスの書き手は必ずしも文書を書くのを専門としない一般の日本人が多く含まれていると推測されます。そのため，一般の日本人の日本語の使用実態を知りたい場合は，BCCWJ よりも筑波ウェブコーパスのほうがより適していると考えられます。

1.6.3 Sketch Engine の日本語コーパス

1.5 での Sketch Engine のツールの紹介では，JpWaC という 3.3 億語ウェブコーパスを利用しました。Sketch Engine のサイトには，この JpWaC 以外に，さらに規模の大きい JpTenTen11 と呼ばれる 84 億語の超大規模ウェブコーパスが利用できます（2016 年 4 月現在）。TenTen というのは，10 の 10 乗，つまり 100 億を意味します。Sketch Engine のサイトでは，100 億トークン規模のコーパスにはすべてこの TenTen という名称が使われています。2 つのコーパスを比較したのが表 1-8 です。

表 1-8 Sketch Engine の主な日本語コーパス

コーパス名	語数	形態論情報
JpWaC	約 3 億 3600 万語	IPA 辞書
JpTenTen11	約 84 億 3200 万語	UniDic（短単位）

JpWaC と JpTenTen11 は，ともに日本語のウェブサイトからテキストデータを収集したウェブコーパスですが，表にある通り，形態素解析に使用した辞書が異なっています。Sketch Engine には，一部無料で利用できるコーパスがありますが，この 2 つの日本語コーパスを利用する場合は有償（基本料金は個人利用で 1 カ月 5.99 ユーロ，2016 年 4 月現在）になります。

第2章
NINJAL-LWP の機能

　第1章では，コーパスを活用するという観点から，コーパスやそのツールの基礎知識，利用する際の注意点などについて述べてきました。基礎編の後半にあたるこの第2章では，本書で扱うメインツールである NINJAL-LWP に焦点を当てて，このツールの特徴，機能，利用法，仕組みなどについて解説します。NINJAL-LWP で利用できるコーパスについてまとめたのが表2-1です。2つのツールで2種類のコーパスが利用可能です。

表 2-1　NINJAL-LWP の2つのツールと利用できるコーパス

ツール名	コーパス	規模
NLB（NINJAL-LWP for BCCWJ）	現代日本語書き言葉均衡コーパス（BCCWJ）	1億語
NLT（NINJAL-LWP for TWC）	筑波ウェブコーパス（TWC）	11億語

　2つのツールとも基本的な操作方法はほぼ共通していますので，1つのツールの操作法を習得すれば，もう1つのツールもすぐに使えるようになります。ここでは主に NLB を例に挙げながら，NINJAL-LWP による検索がどのようなものなのかを実習形式で見ていきましょう。

2.1　見出し語リスト

　まず，NLB のトップページ（http://nlb.ninjal.ac.jp/）にアクセスします（図2-1）。画面右上に［検索を開始する］というボタンがありますので，そこをクリックします。クリックすると，図2-2のような見出し語検索画面が表示

図 2-1　NLB のトップページ

図 2-2　NLB の見出し語検索画面

されます。ここでいう見出し語とは，国語辞典などの辞書の見出し語と同じです。NINJAL-LWP における検索とは，一般のコーパスツールでの検索とは違い，見出し語リストから調べたい見出し語を検索することを指します。

画面を開いた最初の状態では，すべての見出し語が表示されています。すべての見出し語とは，NINJAL-LWP で調べることができる 5 種類の内容語（名詞，動詞，形容詞，連体詞，副詞）を指します。ただし，名詞には，機能語化した「の」や「ん」などの形式名詞も含まれます。見出し語リストのフッターを見ると，見出し語が全体で約 8 万 5000 語あることが分かります（図 2-3）。

図 2-3　見出し語リストのフッター

見出し語リストでは，図 2-4 のように，見出し語は頻度の高い順に並んでいます。これは，別の言い方をすると，BCCWJ の内容語を頻度順に並べたものということができます。最も頻度が高いのは，補助動詞の「いる」（「そう思っている」の「いる」）で，約 96 万 8000 回使われているのが分かります。BCCWJ の総語数は約 1 億語ですから，ざっと言って，100 語のうち 1 語はこの補助動詞の「いる」が使われている計算になります。

見出し	読み	ローマ字表記	頻度
いる-非自立	イル	iru	968,064
こと	コト	koto	701,470
の	ノ	no	686,025
する	スル	suru	601,911
なる	ナル	naru	484,861
ある	アル	aru	479,785
その	ソノ	sono	347,357
よう	ヨウ	you	333,829
言う	イウ	iu	285,579
この	コノ	kono	272,773

図 2-4　見出し語リスト

見出し語リストの一番上に並んでいるタブを切り替えると，それぞれの品詞のみの見出し語リストを表示することができます（図2-5）。

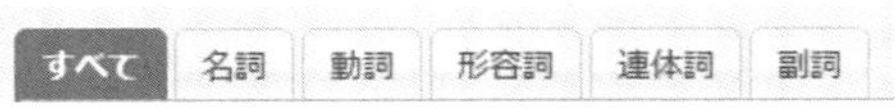

　例えば，動詞のタブをクリックすると，動詞だけの見出し語リストが表示されます（図2-6）。1位の補助動詞の「いる」の後には，「する」,「なる」,「ある」,「言う」が続いています。また，リストのフッターを見ると，動詞は全体で約25,000語あることが分かります。

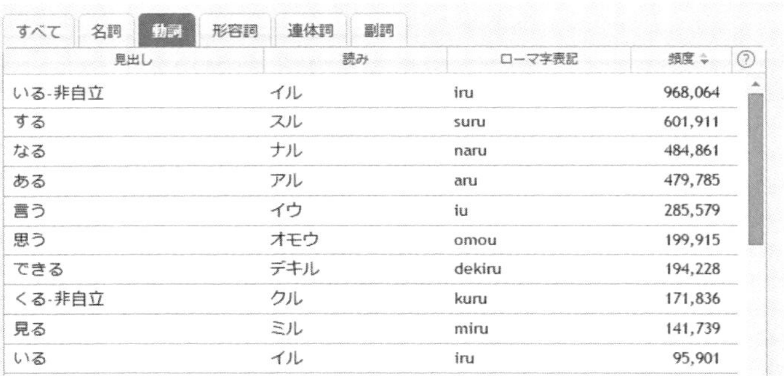

図2-5　見出し語リストの切り替え

図2-6　動詞の見出し語リスト

　続けて，形容詞のタブをクリックしてみましょう（図2-7）。NINJAL-LWPでは，「必要な」,「必要だ」などの形容動詞はナ形容詞として扱っています。形容詞タブでは，「い」で終わるイ形容詞（「高い」,「低い」など）と，「な」で終わるナ形容詞の両方が検索できます。見出し語リストは，頻度順に並んでいますが，リストのヘッダー部分をクリックすることで，「読み」や「ローマ字表記」の順で並べ替えることができます。図2-8は，形容詞の見出し語リストのヘッダーの「読み」をクリックして，読みの順で並べ替えた画面です。

　さらに，**フィルタ機能**を利用すると，特定の条件に当てはまる見出し語だけを表示することができます。リストのフッターの左端にある虫めがねの形のフィルタ設定ボタン（図2-9）をクリックすると，フィルタ設定画面が表示されます（図2-10）。

すべて | 名詞 | 動詞 | 形容詞 | 連体詞 | 副詞

見出し	読み	ローマ字表記	頻度
ない	ナイ	nai	163,065
いい	イイ	ii	100,176
よい-非自立	ヨイ	yoi	90,181
必要な	ヒツヨウナ	hitsuyouna	64,979
多い	オオイ	ooi	64,010
高い	タカイ	takai	38,608
大きい	オオキイ	ookii	35,135
可能な	カノウナ	kanouna	31,652
強い	ツヨイ	tsuyoi	27,036
悪い	ワルイ	warui	26,777

図 2-7　形容詞の見出し語リスト

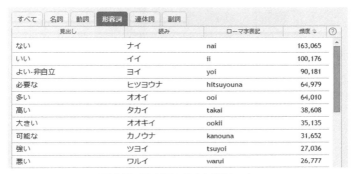

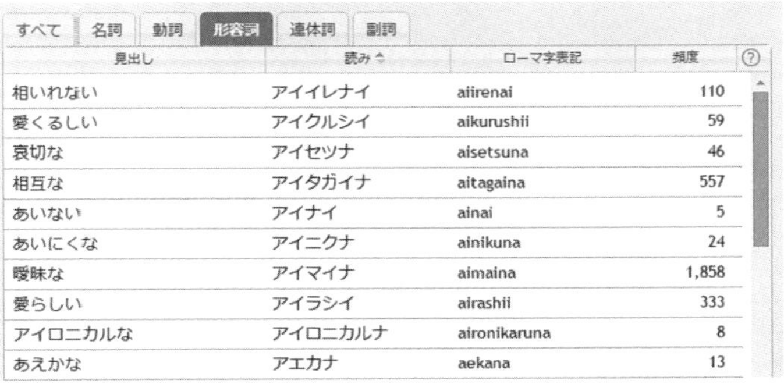

すべて | 名詞 | 動詞 | 形容詞 | 連体詞 | 副詞

見出し	読み	ローマ字表記	頻度
相いれない	アイイレナイ	aiirenai	110
愛くるしい	アイクルシイ	aikurushii	59
哀切な	アイセツナ	aisetsuna	46
相互な	アイタガイナ	aitagaina	557
あいない	アイナイ	ainai	5
あいにくな	アイニクナ	ainikuna	24
曖昧な	アイマイナ	aimaina	1,858
愛らしい	アイラシイ	airashii	333
アイロニカルな	アイロニカルナ	aironikaruna	8
あえかな	アエカナ	aekana	13

図 2-8　形容詞の見出し語リスト（読み順）

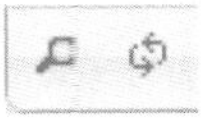

図 2-9　フィルタ設定ボタンとフィルタ解除ボタン

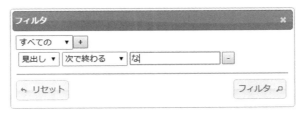

図 2-10　フィルタ設定画面

例えば，形容詞の見出し語リストを表示した状態で，図2-10のように，［見出し］，［次で終わる］を選択して，その右のボックスに「な」を入力して，［フィルタ］ボタンをクリックすると，ナ形容詞だけが表示されます（図2-11)。フィルタを解除して，元の表示に戻すときは，フィルタ解除ボタン（図2-9の右側のボタン）をクリックします。

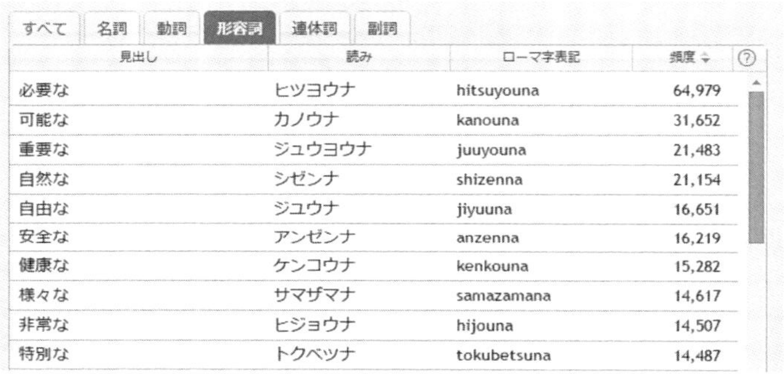
すべて　名詞　動詞　形容詞　連体詞　副詞

見出し	読み	ローマ字表記	頻度
必要な	ヒツヨウナ	hitsuyouna	64,979
可能な	カノウナ	kanouna	31,652
重要な	ジュウヨウナ	juuyouna	21,483
自然な	シゼンナ	shizenna	21,154
自由な	ジユウナ	jiyuuna	16,651
安全な	アンゼンナ	anzenna	16,219
健康な	ケンコウナ	kenkouna	15,282
様々な	サマザマナ	samazamana	14,617
非常な	ヒジョウナ	hijouna	14,507
特別な	トクベツナ	tokubetsuna	14,487

図2-11　フィルタ機能の利用

では，見出し語リストから見出し語を選んで，その見出し語のプロファイリングの画面（見出し語画面）を開いてみましょう。見出し語画面を開くには，見出し語リストの見出しをクリックするだけです（図2-12)。「いる-非自立」をクリックすると，図2-13のように，ブラウザの新しいタブに「いる-非自立」の見出し語の画面が開きます。

それでは，見出し語の検索のしかたについて，詳しく見ていきましょう。見出し語リストの上にある入力ボックスに，調べたい見出し語の読みをひらがな，カタカナ，ローマ字のいずれかで入力します。例えば，名詞「社会」のプロファイリングを調べたい場合は，「しゃかい」または「シャカイ」または「shakai」と入力します（図2-14)。入力できたら，そのままエンターキーを押すか，隣りの［絞り込み］ボタンをクリックすると，図2-15のように，入力した読みの見出し語が下のリストに表示されます。あとは，先ほどと同じように，見出し語リストの見出し「社会」をクリックするだけです。「社会」の場合は，そのまま「社会」と漢字で入力して絞り込むこともできます。ただし，見出し語がすべて漢字表記だとは限らないので，ふつうは読

第2章　NINJAL-LWPの機能

図 2-12　見出し語画面を開く

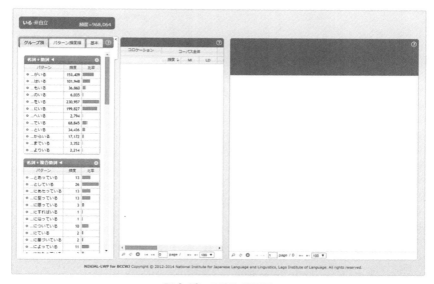

図 2-13　見出し語画面

図 2-14　見出し語の入力

図 2-15　見出し語の絞り込み結果

みがなで調べるほうが確実です。

　見出し語の絞り込み機能では，今述べたような完全一致の絞り込みのほかに，**前方一致**や**後方一致**や**中間一致**の絞り込みもできます。例えば，動詞の見出し語リストの中から，「打ち」で始まる複合動詞を調べたければ，絞り

込みの入力ボックスに「^打ち」と入力します。^（サーカムフレックス）は全角でも半角でも構いません。結果は図2-16のようになります。

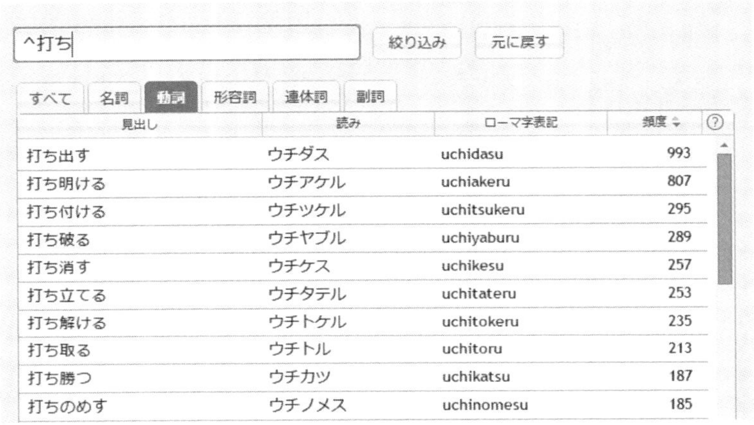

見出し	読み	ローマ字表記	頻度
打ち出す	ウチダス	uchidasu	993
打ち明ける	ウチアケル	uchiakeru	807
打ち付ける	ウチツケル	uchitsukeru	295
打ち破る	ウチヤブル	uchiyaburu	289
打ち消す	ウチケス	uchikesu	257
打ち立てる	ウチタテル	uchitateru	253
打ち解ける	ウチトケル	uchitokeru	235
打ち取る	ウチトル	uchitoru	213
打ち勝つ	ウチカツ	uchikatsu	187
打ちのめす	ウチノメス	uchinomesu	185

図2-16　見出し語の絞り込み（前方一致）

「切る」で終わる動詞の見出し語を調べたければ，絞り込みの入力ボックスに「切る$」と入力します（図2-17）。$（ドルマーク）は全角でも半角でも構いません。

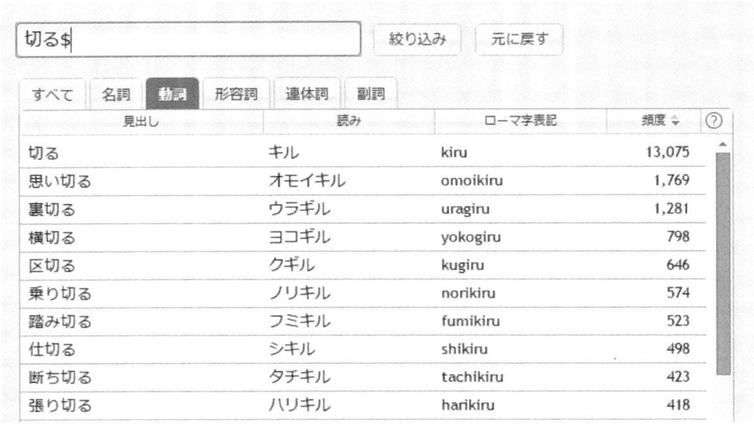

見出し	読み	ローマ字表記	頻度
切る	キル	kiru	13,075
思い切る	オモイキル	omoikiru	1,769
裏切る	ウラギル	uragiru	1,281
横切る	ヨコギル	yokogiru	798
区切る	クギル	kugiru	646
乗り切る	ノリキル	norikiru	574
踏み切る	フミキル	fumikiru	523
仕切る	シキル	shikiru	498
断ち切る	タチキル	tachikiru	423
張り切る	ハリキル	harikiru	418

図2-17　見出し語の絞り込み（後方一致）

第2章　NINJAL-LWPの機能

　また，中間一致で調べたい場合，つまり，位置に関係なく特定の文字を含む見出し語を調べたい場合は，その文字の前に全角または半角の＊（アスタリスク）をつけて絞り込みます。例えば，「星」という漢字を含む見出し語を調べたいときは，入力ボックスに「＊星」と入力します（図2-18）。

見出し	読み	ローマ字表記	頻度
星	ホシ	hoshi	4,038
衛星	エイセイ	eisei	2,607
惑星	ワクセイ	wakusei	1,021
星座	セイザ	seiza	414
火星	カセイ	kasei	365
星空	ホシゾラ	hoshizora	310
恒星	コウセイ	kousei	307
木星	モクセイ	mokusei	302
流れ星	ナガレボシ	nagareboshi	289
土星	ドセイ	dosei	209

図2-18　見出し語の絞り込み（中間一致）

　複数の見出し語を調べたいときは，絞り込み入力ボックスに複数の読みをスペースで区切って入れれば，一度に検索することもできます（図2-19）。

見出し	読み	ローマ字表記	頻度
楽しい	タノシイ	tanoshii	12,472
面白い	オモシロイ	omoshiroi	11,169
嬉しい	ウレシイ	ureshii	10,593

図2-19　複数の読みの絞り込み

　このように，見出し語リストの絞り込み機能を使うと，調べたい見出し語を簡単に見つけ出すことができます。

　通常，NINJAL-LWPを利用するときは，見出し語検索画面はいつも1つ開いておいて，そこから新しい見出しを検索できるようにしておくと便利で

55

す。新しい見出し語は新しいタブで開かれるので，以前に検索した見出し語の結果を残したまま新しい見出し語を検索することが可能です。

2.2 表記の扱い

　ここで少し実習から離れて，NINJAL-LWP が表記の問題に対してどのように対応しているかを詳しく見ていきましょう。1.2 でも述べたように，日本語は，多様な表記が可能な言語です。ですから，表記の問題は避けて通ることはできません。

　表記の問題は，レキシカルプロファイリングの場合，開発者の側から言えば，表記ごとにプロファイリングを作成するか，それとも複数の表記を 1 つにまとめてプロファイリングを作成するかという選択の問題になります。例えば，「言葉」という名詞について考えてみましょう。この名詞は，「言葉」と漢字表記にすることもあれば，「ことば」とひらがな表記にすることもあります。また，まれに「コトバ」とカタカナ表記で書く場合もあります。どの表記が使われているかは，そこに何らかの筆者の判断が働いた結果だと考えられるので，表記ごとにプロファイリングを作成して，表記によって使用法がどのように違っているのかを比較するというのは十分意味のあることです。ただし，一般的には，表記の違いを無視して，「言葉」と「ことば」と「コトバ」をひとまとまりにして扱ったほうが便利です。

　このようなことから，一般的に，レキシカルプロファイリングでは，複数の表記がある場合は，そのうちの 1 つを代表的な表記として，それを見出し語としています。これを**代表表記**といいます。NINJAL-LWP では，「言葉」や「ことば」や「コトバ」は，代表表記「言葉」にまとめて，「言葉」を見出し語にしています。代表表記を使うことで，表記の違いは意識することなく，語の振る舞いを調べることができます。図 2-20 は，「言葉を使う」の用例です。「言葉を使う」と「ことばを使う」という表記の違う用例が混じっていることが分かります。

図 2-20 「言葉」と「ことば」

　では，次に動詞の場合を考えてみましょう。先の名詞の例では，問題は比較的簡単ですが，動詞の場合は，同じ読み方でも漢字表記が複数あることが多いので，問題はかなり複雑になります。ここでは，「ひく」と読む動詞を例に取り上げましょう。国語辞典『大辞林』を見ると，「ひく」という読みをもつ動詞の見出しは次の4つです。2つ目以降の「挽く」も「弾く」も「轢く」もすべて「引く」と語源的には同じであると記述されています。

```
ひく［引く・曳く・退く・牽く・惹く］
ひく［挽く］
ひく［弾く］
ひく［轢く］
```

　しかし，別の国語辞典『大辞泉』を見ると，「挽く」も「弾く」も「轢く」もすべて「引く」に集約されて，見出しは「引く」の1つだけになっています。つまり，どの表記とどの表記をまとめて1つの見出しにするかという基準は，国語辞典によってまちまちであることが分かります。

　では，NINJAL-LWP では，「ひく」という読みをもつ動詞をどのように分類しているのでしょうか。見出し語検索画面で，動詞の見出し語を表示して，絞り込みボックスに「ひく」と入力して調べてみましょう。図 2-21 のように，7つの見出しが表示され，『大辞林』と似たような分類になっています。2番目に「ひく」という見出しがあることに注意してください。NINJAL-LWP では，「ひく」と読む動詞を「引く」，「弾く」，「退く」，「挽く」，「轢く」，「魅く」の6つの代表表記にまとめています。そのため，ひらがな表記の「ひく」は，この6つの代表表記のどれに属するかを機械的に判断す

ることは非常に難しいので，単独で1つの代表表記として見出し語にしています。

見出し	読み	ローマ字表記	頻度
引く	ヒク	hiku	9,011
ひく	ヒク	hiku	3,069
弾く	ヒク	hiku	1,725
退く	ヒク	hiku	693
挽く	ヒク	hiku	257
轢く	ヒク	hiku	138
魅く	ヒク	hiku	135

図2-21　動詞「ひく」

ここで，一番先頭の「引く」をクリックして，プロファイリングの画面を開いてみます。画面が開いたら，一番左のパネルの［基本］タブをクリックして，少し下にある［書字形］をクリックします。すると，図2-22のような表記ごとの頻度が表示されます。代表表記「引く」には，「引く」のほか，「惹く」,「曳く」,「牽く」などの表記がまとめられていることが分かります。2番目に「ひく*(引く；退く；弾く；挽く；魅く；轢く)」という項目がありますが，これは先ほどのひらがな表記の「ひく」の頻度が参考として示されています。実際に，この「引く」のプロファイリングには，ひらがな表記の「ひく」は含まれていないので，グレーで表示されています。

図2-22　「引く」の表記

さらに，表記の問題に関連して，複数の読みの問題があります。例えば，

「山間」という名詞は,「やまあい」とも「さんかん」とも読みます。「山間」を含む個々の例について,それが「やまあい」と読むのか,それとも「さんかん」と読むのか,形態素解析では判断できないという問題があります。そのため,NINJAL-LWPでは,このような複数の読みが可能な語については,代表表記に対して,複数の読みを設定しているものがあります。図2-23は,見出し語の絞り込みで「山間」を調べた画面です。「ヤマアイ」と「サンカン」の2つの読みが示されています。

図2-23 複数の読みが可能な見出し

先ほどの「ひく」の例でも,複数の読みの問題が生じています。「退く」は「ひく」と読むほかに,「しりぞく」とも読みます。実際に「退く」のプロファイリングを見ると,「しりぞく」と読む例がむしろ多いことが分かります。一部の見出しでは,複数の読みがあるのに,いずれか1つの読みしか登録されていないものがあります。形態素解析において,正しい読みが分析できないことがその原因です。このような場合には,読みではなく,直接漢字表記で調べると目的の語にたどり着くことができます(図2-24)。

図2-24 複数の読みが登録されていない場合の対処法

2.3 見出し語に関する統計情報

では,ここからは,プロファイリングの画面(見出し語画面)を詳しく見ていくことにしましょう。まず,見出し語画面の構成について触れておきま

す。図2-25のように、見出し語画面は3つのパネルから構成されます。左から、文法パターン・基本統計パネル、コロケーションパネル、用例パネルです。

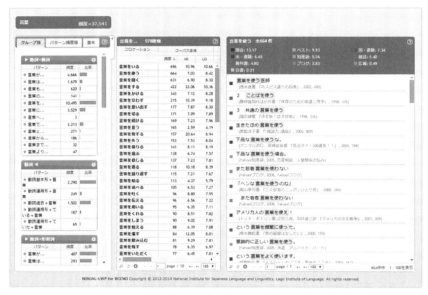

図2-25 見出し語画面の構成

このうち、見出し語に関する統計情報は、文法パターン・基本統計パネルの［基本］タブにまとめられています。統計情報には以下の5つの項目があります。ただし、見出し語の種類（品詞）やツールの種類（NLBかNLTか）によって、項目が少なくなる場合があります。

・サブコーパス
・書字形
・サブコーパスごとの書字形分布
・活用形
・後続助動詞の割合

第2章　NINJAL-LWPの機能

■サブコーパスに関する情報

　サブコーパス情報は，NLBにのみある項目で，NLTにはありません。BCCWJは，表2-2のような3つのサブコーパスに分類され，さらにその下位分類があります。サブコーパス情報では，その見出し語の各サブコーパスにおける頻度およびPMW（100万語あたりの頻度）が示されます。

表2-2　BCCWJのサブコーパス

サブコーパス	下位分類
出版サブコーパス	書籍，雑誌，新聞
図書館サブコーパス	書籍
特定目的コーパス	ベストセラー，知恵袋，法律，国会会議録，広報紙，教科書，韻文，白書，ブログ

　図2-26は，動詞「取る」のサブコーパス情報の一部です。各項目にある2つの数字のうち，左側がサブコーパスの下位分類における頻度，右側がサブコーパスの下位分類におけるPMWです。PMWには棒グラフも表示されています。

図2-26　サブコーパス情報

　なぜ，頻度だけではなくPMWも表示されているのかと言えば，それぞれの下位分類の総語数に違いがあるためで，100万語あたりの頻度という形で基準を統一することで，その見出し語がどの下位分類でよく使われているかを判断することができるからです。

■書字形に関する情報

　書字形情報では，その見出し語の表記ごとの頻度とその割合を示します。

■サブコーパスごとの書字形分布に関する情報

サブコーパスごとの書字形分布に関する情報は，NLBにのみある項目で，NLTにはありません。表2-2に示したサブコーパスの下位分類ごとに，表記ごとの使用頻度と割合を示しています。図2-27は，動詞「取る」の出版サブコーパスの書籍の情報です。

図2-27　サブコーパスごとの書字形分布情報

■活用形に関する情報

活用形の情報は，用言の見出し語（動詞，形容詞）のみにある項目です。活用形ごとの頻度とその割合が表示されます。図2-28は，動詞「取る」の活用形情報の一部です。

図2-28　活用形情報

■後続助動詞の割合に関する情報

後続助動詞の割合に関する情報も，用言の見出し語（動詞，形容詞）のみにある項目です。動詞の見出し語の場合は，動詞の直後に，「れる・られる」，「せる・させる」，「ない・ぬ・ません」が現れる頻度とその割合を示します。形容詞の見出し語の場合は，形容詞の直後に，否定形の「ない・ぬ・ません」が現れる頻度とその割合を示します。図2-29は，動詞「取る」の情報です。

2.4　文法パターンの選択

それでは，ここからは，本題であるレキシカルプロファイリングの主要機能について見ていきましょう。レキシカルプロファイリングでは，コロケーションを文法項目ごとに整理して表示します。1.5.4で見たように，Sketch Engineのレキシカルプロファイリン

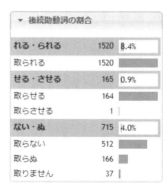

図2-29　後続助動詞の割合に関する情報

第2章　NINJAL-LWPの機能

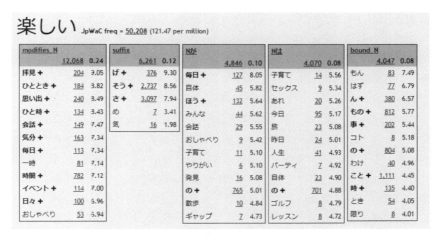

図 2-30　Word Sketch のインターフェース

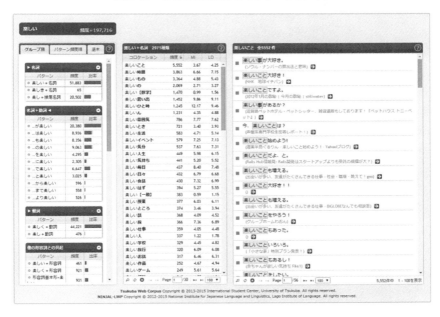

図 2-31　NINJAL-LWP のインターフェース

グツール Word Sketch では，図 2-30 のように，文法項目ごとに複数のブロック（表）を画面全体に並べて表示する方法を採用しています。

63

一方,NINJAL-LWPでは,文法項目を選択するためのパネルと,コロケーションを表示するためのパネルを用意し,「選択」と「表示」という2段階方式でプロファイリングを表示します。また,コロケーションの用例も同じ画面で確認できるようになっており,この画面だけですべての調査・分析ができるようになっています(図2-31)。

　両者のインターフェースを比較すると,Word Sketch の表示では,プロファイリング全体を見渡せるという利点がありますが,項目数が多いとスクロールする必要が出てきたり,目的の文法項目がすぐに見つけ出せなかったりという欠点があります。一方のNINJAL-LWPでは,目的の文法項目がすぐに見つけられるという利点がありますが,プロファイリング全体を見渡すことはできません。

　では,NINJAL-LWPの2段階方式を詳しく見ていきましょう。まず,文法パターンの選択は,左側の文法パターン・基本統計パネルで選択します。文法パターンは,**グループ別**と**パターン頻度順**の2種類の表示があります。まず,グループ別では,文法項目がパターンごとにグループ別に表示されます。図2-32は,NLTで調べた形容詞「楽しい」のグループ別表示の最初のグループです。[▶名詞]とありますが,これは,「楽しい」に名詞が後続するパターンという意味です。このグループには,「楽しい+名詞」,「楽しき+名詞」,「楽し+接尾名詞」の3つのパターンがあります。例えば,「楽しい+名詞」のパターンをクリックすると,中央のコロケーションパネルに,「楽しい+名詞」のコロケーションが表示されます(図2-33)。

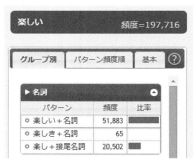

図2-32　グループ別

　同じように,「楽し+接尾名詞」をクリックすると,「楽しさ」,「楽しそう」,「楽しげ」,「楽しみ」などの例が表示されます(図2-34)。

　2番目のグループ[名詞+助詞◀]では,「楽しい」の格パターンを調べることができます。例えば,1番目の「…が楽しい」をクリックすると,「楽しい」のガ格名詞のコロケーションが表示されます(図2-35)。

第2章　NINJAL-LWPの機能

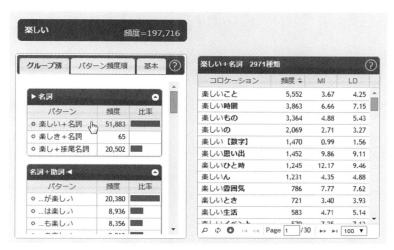

図 2-33　コロケーションの表示

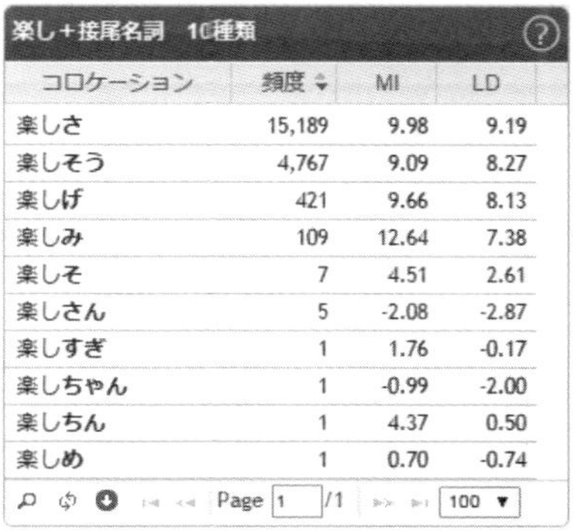

図 2-34　「楽し＋接尾名詞」 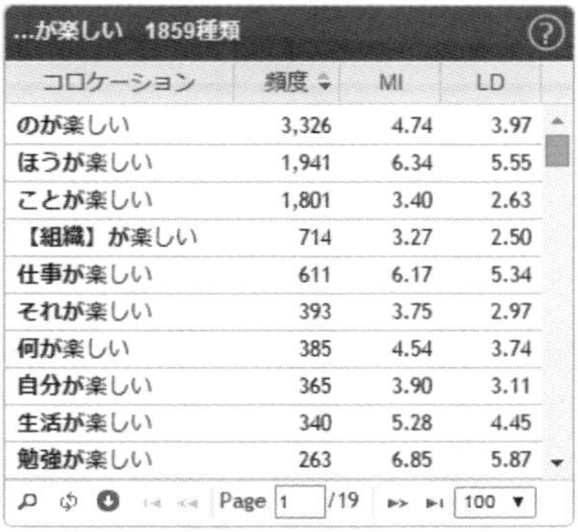　　　　図 2-35　「…が楽しい」

　文法パターンのもう1つの表示は，パターン頻度順です。形容詞の見出し語の場合，パターンは全体で25種類ありますが，その25パターンを頻度順に並べたのが，パターン頻度順の表示です。図 2-36 は，形容詞「楽しい」と「うれしい」のパターン頻度順表示です。「楽しい」では，「楽しい＋名詞」のパターンが最も多く，「楽しく＋動詞」，「楽しい＋助動詞」が続いています。

一方の「うれしい」では，「嬉しい＋助動詞」のパターンが最も多く，「嬉しい＋名詞」，「副詞＋嬉しい」が続いています。このことから，「楽しい」は名詞が後続する限定用法が多く，「うれしい」は叙述用法が多いことが分かります。

グループ別 | パターン頻度順 | 基本 | ?

パターン	頻度	比率
楽しい＋名詞	51,883	
楽しく＋動詞	44,221	
楽しい＋助動詞	29,943	
副詞＋楽しい	25,676	
楽し＋接尾名詞	20,502	
...が楽しい	20,380	
楽しい＋助詞	18,294	

グループ別 | パターン頻度順 | 基本 | ?

パターン	頻度	比率
嬉しい＋助動詞	44,214	
嬉しい＋名詞	24,640	
副詞＋嬉しい	24,592	
嬉しく＋動詞	14,537	
嬉しい＋助詞	12,407	
...が嬉しい	11,805	
嬉し＋接尾名詞	8,453	

図 2-36 「楽しい」と「うれしい」のパターン頻度順表示

2.5 コロケーションの分析

それでは次に，中央のコロケーションパネルの機能と使い方について説明しましょう。

まず，パネルの上部には，パターンとそのパターンに含まれるコロケーションの総数が表示されています。図 2-37 は，NLT の「楽しく＋動詞」のパターンです。コロケーションの総数は 1755 種類あることが分かります。1ページには，標準で 100 件のコロケーションが表示できます。ページを順に移動すれば，すべてのコロケーションを確認することができます。また，1ページに表示する件数を 200 件に増やすことも可能です。

コロケーションパネルには，コロケーションとその頻度のほか，MI スコア（画面上では MI）とログダイス（画面上では LD）という２種類の統計値が表示されます。左側の

楽しく＋動詞　1755種類 ?

コロケーション	頻度	MI	LD
楽しくなる	3,647	3.95	4.29
楽しくできる	3,605	4.76	5.09
楽しく過ごす	2,990	9.90	9.62
楽しくする	2,860	26.13	11.05
楽しく学ぶ	1,302	7.60	7.62
楽しく過ごせる	1,203	11.29	9.44
楽しくやる	1,191	5.64	5.89
楽しく遊ぶ	1,088	8.97	8.48
楽しく生きる	987	6.84	6.92
楽しく読む	889	6.33	6.47

Page 1 /18　100

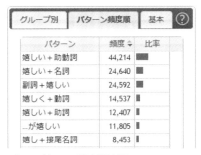

図 2-37 コロケーションパネル

第2章　NINJAL-LWPの機能

図 2-38　「…を売る」のコロケーション

文法パターンパネルで文法パターンをクリックした直後は，コロケーションは頻度順に表示されます。

2.5.1　MI スコア

　MI スコアは，1.5.3 の統計サマリーで触れたように，比較的低頻度でも特徴的なコロケーションを抽出する場合に有用な指標です。動詞「売る」を例にとって，MI スコアの使い方を見てみましょう。図 2-38 は，NLT の動詞「売る」の「…を売る」のコロケーションを頻度順に並べたものです。ヲ格名詞には，「商品」，「もの」，「車」，「土地」，「株」など，販売の対象となる名詞が並んでいます。

　ここで，MI のヘッダーをクリックして，MI スコアで並べ替

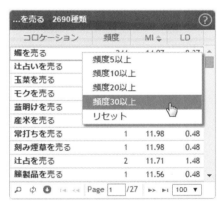

図 2-39　MI スコアによる分析

えると，図 2-39 の上のようになります。「媚を売る」がトップに来ていますが，2 位以降を見るとどれも頻度が 1 か 2 のものばかりです。これは，コロケーションの頻度がきわめて低い場合に，MI スコアが強調されすぎるために起こる現象です。そのため，MI スコアでコロケーションを抽出する場合は，頻度のごく低いものは排除したほうが分かりやすい結果が得られます。

コロケーションパネルの上でマウスを右クリックすると，ポップアップメニューが開きます。ここでは，頻度 30 以上を選んでみます（図 2-39 中央）。すると，図 2-39 の下のように，頻度が 30 以上のコロケーションだけが表示され，「媚を売る」，「喧嘩を売る」，「恩を売る」などの慣用的な表現が抽出されているのが分かります。ただし，4 番目以降を見ると，「愛車を売る」，「土産物を売る」など，慣用的な表現ではないコロケーションの MI スコアも高くなっている点に注意する必要があります。

ここで，MI スコアの算出について，詳しく説明しましょう。コーパス言語学では一般に，MI スコアは，以下の式で算出されます。ここで，中心語とは，1.5.2 のコンコーダンスで出てきたノードに相当します。上記の例では，動詞「売る」が中心語です。

$$I = \log_2 \frac{共起頻度 \times コーパス総語数}{中心語頻度 \times 共起語頻度}$$

NINJAL-LWP では，中心語頻度の代わりに，当該の文法パターンでの中心語の頻度を用いて，以下の式で算出しています。

$$I = \log_2 \frac{共起頻度 \times コーパス総語数}{当該文法パターン中心語頻度 \times 共起語頻度}$$

この式にある 4 つの変数の意味は，表 2-3 のようになります。

第2章　NINJAL-LWPの機能

表 2-3　MIスコアの変数

当該文法パターン中心語頻度	中心語の当該文法パターンの頻度。「…を売る」のコロケーションの場合は「…を売る」の総頻度（23,481）。
共起語頻度	コーパスに出現する共起語の総頻度，「…を売る」のコロケーションの場合はそれぞれのヲ格名詞の総頻度。見出し語検索画面の見出し語リストで確認できる。「媚」の頻度は689件。
共起頻度	中心語と共起語が共起する頻度。「…を売る」のコロケーションの場合は，コロケーションパネルに示された各頻度。「媚を売る」の場合は244件。
コーパス総語数	コーパス全体の語数。NLTの場合，コーパス総語数は11億3781万9665語。

この式で，「媚を売る」のMIスコアを求めてみると，以下のようになります。

$$I = \log_2 \frac{244 \times 1{,}137{,}819{,}665}{23{,}481 \times 689} = 14.0668$$

特定の中心語における特定の文法パターンのコロケーションを比較する場合，4つの変数のうち，当該文法パターン中心語頻度とコーパス総語数は一定の値をとるため，実際には共起語頻度に対する共起頻度の割合が高いほど，

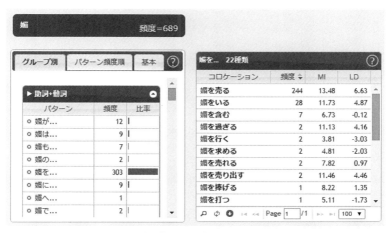

図 2-40　「媚」のプロファイリング

MI スコアが大きくなることになります。実際に，「媚」のプロファイリングの画面で確認すると（図 2-40），全頻度 689 件のうち，「媚を売る」の占める頻度（244 件）が高いことが分かります。

2.5.2　ログダイス

次に，もう一つの統計値ログダイスについて見ていきましょう。図 2-38 の「…を売る」のコロケーションをログダイス順に並べ替えたのが図 2-41 です。MI スコアが高かった「喧嘩を売る」，「媚を売る」，「恩を売る」が上位に並んでいるのが分かります。

…を売る　2690種類

コロケーション	頻度	MI	LD
喧嘩を売る	497	10.46	8.65
媚を売る	244	14.07	8.37
株を売る	401	8.52	7.43
恩を売る	143	10.22	7.32
商品を売る	1,324	7.79	7.12
土地を売る	606	7.70	6.91
通貨を売る	177	8.21	6.79
ドルを売る	219	7.70	6.59
品物を売る	83	9.16	6.48
チケットを売る	104	8.04	6.32

Page 1 /27　100

図 2-41　ログダイス

ログダイスは，語と語の結びつきの強さを表すダイス係数を対数化したもので，Sketch Engine の Word Sketch でも使われている指標です。ログダイスは，以下の数式で求めることができます。先ほどの MI スコアで用いられていた 4 変数のうち，ログダイスでは，コーパス総語数は使われません。

$$D = 14 + \log_2 \frac{2 \times \text{共起頻度}}{\text{当該文法パターン中心語頻度} \times \text{共起語頻度}}$$

この式で，「喧嘩を売る」のログダイスを求めてみると，以下のようになります。

$$D = 14 + \log_2 \frac{2 \times 497}{23{,}481 \times 17{,}062} = 8.6499$$

2.5.3　3 つの指標の比較

それでは，頻度，MI スコア，ログダイスによって，コロケーションの順位がどのように変わるのかを調べてみます。表 2-4 は，NLT の「…を売る」のコロケーションについて，3 つの指標の 1 位から 10 位までに，どのようなコロケーションが来ているかをまとめたものです。MI スコアについては，

頻度30以上のコロケーションを対象にしています。

表2-4　3つの指標の比較

順位	頻度	MIスコア	ログダイス
1	商品	媚	喧嘩
2	もの	喧嘩	媚
3	車	恩	株
4	土地	愛車	恩
5	物	土産物	商品
6	それ	品物	土地
7	喧嘩	株	通貨
8	家	マイホーム	ドル
9	株	アメリカドル	品物
10	者	切符	チケット

　3つの指標間で1位から10位までで共通するコロケーションの数をまとめたのが，表2-5です。これを見ると，頻度とMIスコアが最も異なる結果を示しており，ログダイスは頻度ともMIスコアとも半数程度コロケーションが共通していることが分かります。

表2-5　共通するコロケーションの数

	共通する数
頻度とMIスコア	2
頻度とログダイス	4
MIスコアとログダイス	5

　さらに，「…を売る」という形をとる慣用表現が3つの指標でどの順位で出現するかを調べてみましょう。このような調査を行う場合は，コロケーションリストをダウンロードしてExcelファイルを加工して調べると便利です。コロケーションリストのフッターの左側にダウンロードボタンがありま

す（図 2-42）。

図 2-42　ダウンロードボタン

このボタンをクリックすると，図 2-43 のような画面が表示されますので，XLS（Excel ファイル）を選んで，［ダウンロード］をクリックして，適当なフォルダにファイルをダウンロードします。

図 2-43　ダウンロード実行画面

ダウンロードした Excel ファイルを開くと，「このファイルは，インターネット上の場所から取得されており，…」というメッセージが表示されますが，［編集を有効にする］をクリックして，編集可能な状態にします。表は，図 2-44 のように，コロケーション，頻度，MI スコア，ログダイスの 4 列で構成されています。それぞれの指標の右に，指標の順位の列を挿入します（図 2-45）。

Excel には順位を求める RANK.EQ という関数が用意されていますので，この関数を使ってそれぞれの指標の順位を入力していきます。RANK.EQ では，同点の数値が複数ある場合は，その値の最上位を返します。この関数では，以下の 3 つの引数を指定します。「数値」には，順位をつける数値を指定します。「参照」には，順位をつけるために参照する数値の範囲を指定します。最後の「順序」は，順位を「昇順」で付けるか，または「降順」で付けるかを指定します。省略または「0」を指定すると降順で，「0」以外を指定すると昇順で順位を付けます。

```
=RANK.EQ（数値，参照，順序）
```

第2章　NINJAL-LWPの機能

collocations	Frequency	MI Score	LogDice
商品を{売る}	1324	7.79	7.12
ものを{売る}	859	4.06	3.48
車を{売る}	644	6.72	6.05
土地を{売る}	606	7.7	6.91
物を{売る}	564	6.3	5.64
それを{売る}	560	4.06	3.48
喧嘩を{売る}	497	10.46	8.65
家を{売る}	427	5.08	4.46
株を{売る}	401	8.52	7.43
者を{売る}	347	2.82	2.24

図 2-44　コロケーションリスト

collocations	Frequency	FQ-ranking	MI Score	MI-ranking	LogDice	LD-ranking
商品を{売る}	1324		7.79		7.12	
ものを{売る}	859		4.06		3.48	
車を{売る}	644		6.72		6.05	
土地を{売る}	606		7.7		6.91	
物を{売る}	564		6.3		5.64	
それを{売る}	560		4.06		3.48	
喧嘩を{売る}	497		10.46		8.65	
家を{売る}	427		5.08		4.46	
株を{売る}	401		8.52		7.43	
者を{売る}	347		2.82		2.24	

図 2-45　列の挿入

　FQ-rankingの先頭のセルにカーソルを置いて，数式タブの［関数の挿入］をクリックします（図2-46）。すると，図2-47のような画面が表示されます。まず，［関数の分類］から［統計］を選び，次に［関数名］から［RANK.EQ］を選んで，［OK］をクリックします。

　すると，引数を指定する画面が表示されますので，数値，参照，順序の順に引数を指定していきます。まず，「数値」では，左隣のセル（1324）をクリックすると，引数の画面の数値にそのセルの番地B2が入力されます（図2-48）。

次の「参照」では，Frequency の列の 2 行目から最終行までを指定します。まず，先ほどと同じ B2 のセルをクリックし，次に［Ctrl］-［Shift］-［↓］を同時に押します。その後に，さらに，ファンクションキー［F4］を押します。これで，2 行目から最終行を絶対参照で指定することができます。参照に「\$B\$2:\$B\$2691」と入力されていれば，正しく入力されています。

図 2-46　関数の挿入

図 2-47　関数の指定

図 2-48　数値の指定

74

第2章　NINJAL-LWPの機能

「B2:B2691」のように，「$」が入っていなければ，相対参照ですので，もう一度やり直してください。ここでは，絶対参照の詳しい説明は省略しますが，このように指定することで，2行目以降にこの関数を貼り付けたときに，期待通りの結果が得られるようになります。最後の「順序」は，そのまま省略して，［OK］をクリックします（図2-49）。

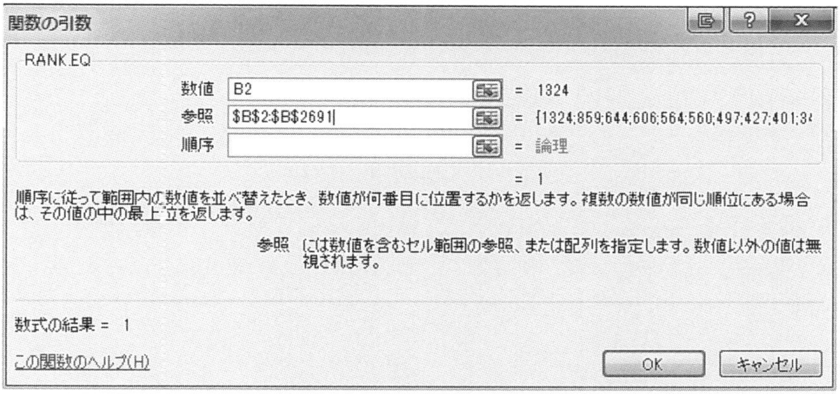

図2-49　参照の指定

すると，C2のセルに1という順位が入ります。C2のセルをコピーして，C3以下にコピーすると，図2-50のように，FQ-rankingの列のすべてのセルに順位が入ります。

同じ要領で，MI-rankingの列とLD-rankingの列にも順位を入れていきます。MI-rankingのトップのセルE2

collocations	Frequency	FQ-ranking
商品を{売る}	1324	1
ものを{売る}	859	2
車を{売る}	644	3
土地を{売る}	606	4
物を{売る}	564	5
それを{売る}	560	6
喧嘩を{売る}	497	7
家を{売る}	427	8
株を{売る}	401	9
者を{売る}	347	10

図2-50　頻度順位の挿入

には，「=RANK.EQ（D2,$D$2:$D$2691）」と手入力し，2行目以降にコピーします。LD-rankingのトップのセルG2には，「=RANK.EQ（F2,$F$2:$F$2691）」と手入力し，2行目以降にコピーします。すると，図2-51のよう

75

な表ができあがります。

collocations	Frequency	FQ-ranking	MI Score	MI-ranking	LogDice	LD-ranking
商品を{売る}	1324	1	7.79	203	7.12	5
ものを{売る}	859	2	4.06	1343	3.48	159
車を{売る}	644	3	6.72	409	6.05	13
土地を{売る}	606	4	7.7	216	6.91	6
物を{売る}	564	5	6.3	535	5.64	25
それを{売る}	560	6	4.06	1343	3.48	159
喧嘩を{売る}	497	7	10.46	27	8.65	1
家を{売る}	427	8	5.08	940	4.46	67
株を{売る}	401	9	8.52	110	7.43	3

図 2-51　3 指標の順位の挿入

次に，国語辞典などで調べた「…を売る」という形の以下の慣用表現を，検索機能を使って順に探し，コロケーションのセルに任意の背景色を付けていきます（図 2-52）。

油を売る，男を売る，恩を売る，顔を売る，国を売る，喧嘩を売る，媚を売る，魂を売る，名を売る，身を売る

collocations	Frequency	FQ-ranking	MI Score	MI-ranking	LogDice	LD-ranking
商品を{売る}	1324	1	7.79	203	7.12	5
ものを{売る}	859	2	4.06	1343	3.48	159
車を{売る}	644	3	6.72	409	6.05	13
土地を{売る}	606	4	7.7	216	6.91	6
物を{売る}	564	5	6.3	535	5.64	25
それを{売る}	560	6	4.06	1343	3.48	159
喧嘩を{売る}	497	7	10.46	27	8.65	1
家を{売る}	427	8	5.08	940	4.46	67

図 2-52　慣用表現の選択

次に，色フィルタの機能を使って，背景色を付けたコロケーションだけを表示します。データタブの［フィルター］をクリックして，フィルタを適用します。次に，collocations の列のドロップダウンのボタンをクリックして，

[色フィルター]をクリックし，背景色に使った色をクリックします（図2-53）。すると，図2-54のように，背景色を付けた慣用表現だけが表示されます。

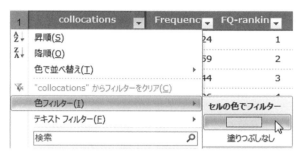

図 2-53　色フィルター

collocations	Frequency	FQ-ranking	MI Score	MI-ranking	LogDice	LD-ranking
喧嘩を{売る}	497	7	10.46	27	8.65	1
媚を{売る}	244	15	14.07	1	8.37	2
魂を{売る}	169	21	6.75	401	5.8	17
恩を{売る}	143	28	10.22	34	7.32	4
国を{売る}	86	46	3.1	1685	2.47	359
身を{売る}	85	47	4.51	1159	3.77	124
顔を{売る}	61	62	4.07	1339	3.32	191
名を{売る}	59	65	3.26	1628	2.59	338
油を{売る}	54	72	6.33	529	4.98	46
男を{売る}	3	707	-0.03	2457	-0.81	2407

図 2-54　慣用表現の抽出

　この結果を見ると，慣用表現のすべてでMIスコアやログダイスの値が高くなっているわけではないことが分かります。「媚を売る」のMIスコアの算出のところでも見たように，「媚」という名詞を使った表現のなかで，「媚を売る」という表現が圧倒的に多数を占めているので，MIスコアもログダイスも高い値になりますが，それ以外の条件ではMIスコアやログダイスの値は高くはなりません。例えば，「魂を売る」と「恩を売る」は，頻度で比較すればそれほど変わりません（「魂を売る」は169件，「恩を売る」は143件）。しかし，MIスコアの順位（「魂を売る」は401位，「恩を売る」は34位）

や,ログダイスの順位(「魂を売る」は17位,「恩を売る」は4位)は大きく違っています。これは,共起語自体の頻度の差が大きいこと(「魂」は75,830件,「恩」は6,794件)が強く影響しています。

このことは,MIスコアやログダイスは,頻度的には優位でない特徴的なコロケーションを検出するのに有効ではあるものの,その検出には限界があることを示しています。コロケーションを分析するときは,頻度を基本としながらも,頻度のみで判断せずに,他の統計値も利用して,総合的に判断するという姿勢が重要だといえます。

2.5.4 コロケーションのフィルタ機能

前節の慣用表現の調査の例では,コロケーションリストのダウンロード機能を利用して調査する方法を紹介しましたが,特定のコロケーションの頻度や用例を調べたいときは,フィルタ機能を利用して検索すると簡単です。コロケーションパネルのフッターの左端にあるフィルタ設定ボタンをクリックします(図 2-55)。すると,図 2-56 のようなフィルタ設定画面が表示されます。

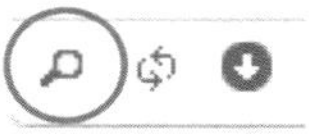

図 2-55 フィルタ設定ボタン

図 2-56 フィルタ設定画面

このフィルタ設定画面では,コロケーション,頻度,MI(MI スコア),LD(ログダイス)の4つの項目について,さまざまな条件を組み合わせて,表示するコロケーションを絞り込むことができます。ここでは,NLT を使って,先ほど調べた慣用表現を抽出してみましょう。左上のドロップボックス

から，［いずれかの］という条件を選んで，右にある＋ボタンを9回クリックします。そして，図2-57のように，10種類の「ヲ格名詞＋を」を順に入力していきます。入力できたら，右下の［フィルタ］ボタンをクリックします。

図 2-57　フィルタの設定

すると，図2-58のような結果が表示されます。「コロケーションに特定の文字列を含む」という条件で検索しているため，関係のないものも含まれていますが，なかには，興味深い関連表現も含まれています。例えば，「国を売る」の関連表現として，「祖国を売る」，「自国を売る」，「母国を売る」という表現が見つかります。

フィルタの結果を破棄して，元の表示に戻すときは，コロケーションパネルのフッターの左端から2つめにあるフィルタ解除ボタンをクリックします（図2-59）。

...を売る　39種類

コロケーション	頻度	MI	LD
喧嘩を売る	497	10.46	8.65
媚を売る	244	14.07	8.37
魂を売る	169	6.75	5.80
恩を売る	143	10.22	7.32
国を売る	86	3.10	2.47
身を売る	85	4.51	3.77
顔を売る	61	4.07	3.32
名を売る	59	3.26	2.59
油を売る	54	6.33	4.98
石油を売る	23	5.61	4.03
祖国を売る	9	6.59	3.40
自身を売る	7	0.40	-0.29
原油を売る	5	5.17	2.44
灯油を売る	5	6.38	2.63
男を売る	3	-0.03	-0.81
香油を売る	2	8.36	1.46
自国を売る	2	2.86	0.83

Page 1 /1　100

図 2-58　フィルタの結果

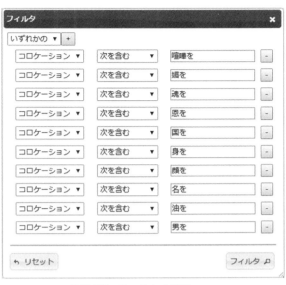

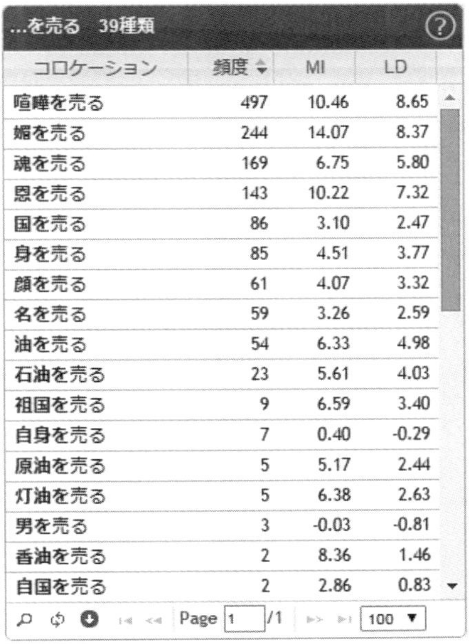

図 2-59 フィルタ解除設定ボタン

2.5.5　サブコーパスごとの PMW

これまで見てきたように，コロケーションパネルには，コロケーション，頻度，MI スコア，ログダイスの 4 項目が表示されますが，NLB のコロケーションパネルでは，これ以外にサブコーパスの下位分類の PMW が表示されます。2.3 でも述べたように，NLB では，コーパスがサブコーパスとその下位分類に区分されています。NLB のコロケーションパネルでは，コーパス全体に関する統計値のほかに，下位分類ごとの PMW（100 万語あたりの調整頻度）も表示されます（図 2-60）。コロケーションパネルのヘッダーで使用されている略号は表 2-6 の通りです。SC はサブコーパスの略号です。

表 2-6　NLB のコロケーションパネルのヘッダーの略号

サブコーパス	下位分類
出版 SC	PB（書籍），PM（雑誌）
図書館 SC	LB（書籍）
特定目的 SC	OB（ベストセラー），OC（知恵袋），OL（法律），OM（国会会議録），OP（広報紙），OT（教科書），OV（韻文），OW（白書），OY（ブログ）

下位分類の PMW を見るときは，文法パターンパネルを閉じて，コロケーションパネルの幅を広げると見やすくなります。文法パターンパネルの右上の突起部分をクリックすると，文法パターンパネルが閉じて，コロケーションパネルを最大化することができます（図 2-61）。

第2章　NINJAL-LWPの機能

コロケーション	コーパス全体			出版SC		図書館SC			
	頻度	MI	LD	PB	PM	LB	OB	OC	OL
ものを売る	99	4.23	3.77	0.68	0.65	1.02	1.21	2.12	0.00
商品を売る	79	7.81	7.16	0.85	1.95	0.57	0.97	0.97	0.00
土地を売る	71	7.87	7.19	0.48	0.00	0.79	0.97	0.79	0.00
それを売る	59	3.90	3.44	0.44	0.65	0.83	0.73	0.71	0.00
喧嘩を売る	55	10.07	8.58	0.48	0.00	0.70	0.48	0.97	0.00
株を売る	55	8.64	7.71	0.34	0.43	0.41	1.21	1.59	0.00
家を売る	52	5.05	4.56	0.72	0.22	0.70	0.24	0.35	0.00
物を売る	47	6.05	5.50	0.44	0.22	0.35	0.48	0.62	0.00
【一般】を売る	34	1.12	0.67	0.03	0.65	0.25	0.97	0.62	0.00
恩を売る	34	11.04	8.46	0.38	0.00	0.44	0.48	0.26	0.00

図 2-60　下位分類の PMW の表示

図 2-61　コロケーションパネルの最大化

2.5.6　固有名詞のラベル

最後に，コロケーションパネルで用いられているコロケーションの特殊な表示について触れておきます。NINJAL-LWP では，名詞を含むコロケーションを処理する際に，固有名詞を表 2-7 の分類にしたがって集計しています。このような情報は，コーパスを形態素解析したときに得られる品詞情報に基づいていますが，未知語が固有名詞として扱われる場合があるため，特に【一般】に分類されているものには通常の名詞も多数含まれています。

表2-7 固有名詞のラベル

表示	固有名詞の種類
【人名】	人名
【組織】	組織名
【地域】	地名
【一般】	上記以外の固有名詞

図2-62は，NLTの「【人名】を読む」の用例を表示した画面です。「荘子を読む」，「谷崎を読む」などの用例が見られます。

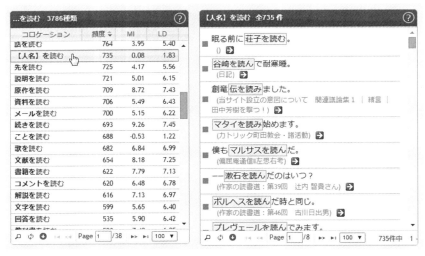

図2-62 【人名】を読む

2.6 用例の分析

NINJAL-LWPでは，コロケーションの用例は，右側の用例パネルに表示されます。中央のコロケーションパネルのコロケーションをクリックすると，そのコロケーションの用例が右の用例パネルに表示されます。図2-63は，NLBの名詞「自然」のプロファイリングで，「自然に恵まれる」というコロ

ケーションをクリックして，その用例を表示した画面です。用例はセンテンス単位で表示されます。また，内容が確認しやすいように，短いものから順に表示されています。

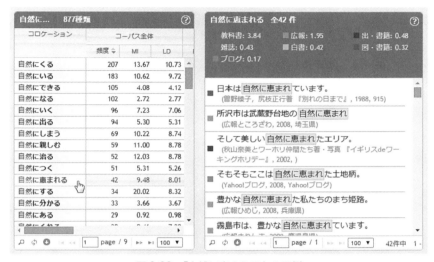

図 2-63 「自然に恵まれる」の用例

用例パネルのヘッダーには，コロケーションとその件数が表示されます。また，NLB の場合は，サブコーパスの下位分類の PMW が頻度順に表示されます。図 2-63 の「自然に恵まれる」という表現は，教科書や広報でよく使われていることが分かります。用例は，標準で 1 ページに 100 件表示されます。用例が 100 件を超える場合は，フッターの中央にあるページボタンでページを移動することができます（図 2-64）。また，1 ページに表示する用例数を 50 件，100 件，200 件のいずれかに変更することもできます。

図 2-64 ページ移動ボタン

2.6.1 出典の確認

図 2-65 のように，用例には，その出典が表示されます。また，NLB では，用例の左にある■は，サブコーパスの下位分類ごとに色分けされており，ヘッダーにある下位分類の色分けを見れば，どの下位分類からの用例かがすぐに分かるようになっています。

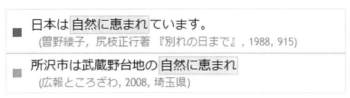

図 2-65　用例の表示

2.6.2 文脈の確認

用例の出典箇所をクリックすると，その用例の前後の文脈を確認することができます。図 2-66 は，図 2-65 の上の用例の文脈を示しています。NLBの場合は，前後 1 センテンスが表示されます。

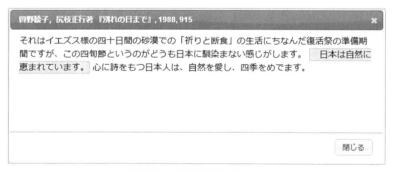

図 2-66　文脈の表示（NLB）

NLT では，前後 10 センテンスが表示されます。図 2-67 は，NLT での文脈表示です。

第2章 NINJAL-LWPの機能

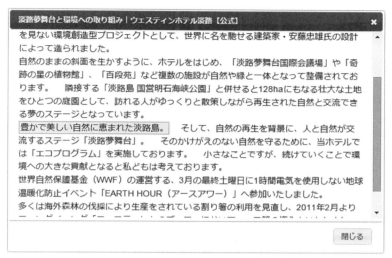

図 2-67 文脈の表示（NLT）

NLTでは，文脈を表示するだけではなく，元のウェブページを開いて，直接確認することもできます。出典の後ろにある［→］ボタンをクリックすると（図 2-68），新しいタブにリンク先のウェブページが表示されます。ただし，リンク先が更新されている場合や，削除されている場合があります。

図 2-68 元のウェブページを開く

2.6.3 用例のフィルタ機能

用例のなかから，文脈を絞り込んで用例を探したいときは，フィルタ機能を利用します。具体的を挙げて説明しましょう。NLT で，名詞「自然」のプロファイリングを表示し，［グループ別］の「他の名詞との共起」のパターンのなかから［自然＋の＋名詞］をクリックします。すると，用例パネルに

は，コロケーションリストのトップに来た「自然の恵み」の用例が表示されます（図2-69）。

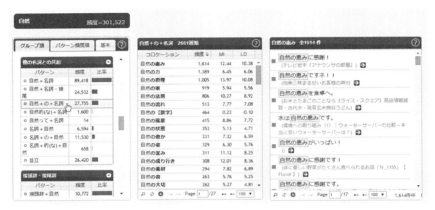

図2-69　「自然の恵み」の用例

最初の用例に「自然の恵みに感謝」という表現が使われています。これと同じような用例がどの程度あるのか，フィルタ機能で調べてみます。用例パネルのフッターの左端にあるフィルタ設定ボタンをクリックします。ボタンの形状は，コロケーションパネルのものと同じです。クリックすると，設定画面が開きます。図2-70のように入力して，［フィルタ］ボタンをクリックします。

図2-70　用例のフィルタ

すると，「自然の恵みに感謝」という文字列を含む用例が表示されます。

フッターの右端を見ると，90件の用例があることが分かります（図2-71）。

図2-71 「自然の恵みに感謝」の用例

フィルタの結果を破棄して，元の表示に戻すときは，用例パネルのフッターの左から2番目のフィルタ解除ボタンをクリックします。ボタンの形状は，コロケーションパネルのものと同じです。

先に述べたように，NLBの用例パネルのヘッダーには，サブコーパスの下位分類ごとのPMWが表示されます。それぞれの項目をクリックすると，その下位分類の用例だけを表示することができます。図2-72は，NLBの「自然」のプロファイリング画面で，「自然に恵まれる」の用例を表示し，［教科書］をクリックしたときの結果です。元の表示に戻すときは，フッターにあるフィルタ解除ボタンをクリックします。

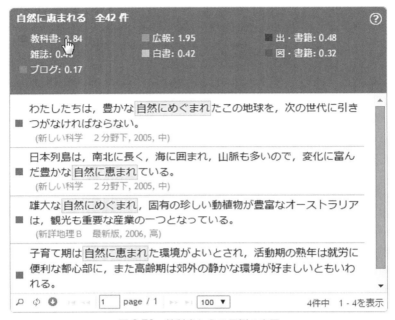

図 2-72　教科書からの用例の表示

2.6.4　用例のダウンロード

　用例パネルには，コロケーションパネルと同じように，ダウンロード機能があります。フッターの左にあるダウンロードボタンをクリックします。ボタンの形状は，コロケーションパネルのものと同じです。このボタンをクリックすると，ファイル形式を選択する画面が表示されますので，XLS（Excel ファイル）と CSV ファイルのいずれかを選んで，［ダウンロード］をクリックし，適当なフォルダにファイルをダウンロードします。図 2-73 は，Excel 形式でダウンロードしたファイルです。

第2章　NINJAL-LWPの機能

前文脈	ノード	後文脈	出典
日本は	自然	に恵まれています。	(岡野綾子,
所沢市は武蔵野台地の	自然	に恵まれ	(広報ところ
そして美しい	自然	に恵まれたエリア。	(秋山奈美と
そもそもここは	自然	に恵まれた土地柄。	(Yahoo!ブロ
豊かな	自然	に恵まれた私たちのまち姫路。	(広報ひめじ
鹿島市は、豊かな	自然	に恵まれています。	(広報きりし
美しい	自然	に恵まれた歴史ある自然体験施設！	(『ドライブ
上天草海岸は自然海岸が多く、	自然	に恵まれている。	(Yahoo!ブロ
瀬戸内海はそれくらい豊かな	自然	に恵まれた海だった。	(同光序治著
美しい	自然	に恵まれたコダイカナルには野生の猿も多い	(マラ・セン
また、近くには平地林があり、豊かな	自然	に恵まれています。	(国土交通省
松戸地区、女島地区とも歴史と	自然	に恵まれた学園といえよう。	(有馬朗人ほ
磯子区には心安らぐ水辺や緑など、	自然	に恵まれた環境があります。	(広報よこは
現在、埠頭は二坊分で、境内は豊かな	自然	に恵まれ、のびやかに明るい。	(五木寛之監
このようにとても	自然	に恵まれた穴道湖は、漁獲高日本一を誇る湖である。	(保田武彦監
さらに、	自然	に恵まれない都市生活者の交流の場としても用いられるように	(日本まちづ
海や火山など世界的に見ても希少価値の高い	自然	に恵まれ、多くの国立公園を有する。	(林宏至著
鹿島市は、鹿島連山や大小１９９の川、鏡江湾など多彩で豊かな	自然	に恵まれています。	(広報きりし
３つの湖を中心とした美しい	自然	に恵まれ、リゾート・レジャー施設が充実しているのだ。	(DIME
わたしたちは、豊かな	自然	にめぐまれたこの地球を、次の世代に引きつがなければならない。	(新しい科学
水量豊かな金龍の滝や一面の萌繰、秋の紅葉など、すばらしい	自然	に恵まれた一軒宿の温泉場だ。	(『全国効能
南北に長く、海に囲まれ、山脈も多いので、変化に富んだ	自然	に恵まれている。	(新しい科学
ここは豊かな	自然	にめぐまれ、物資も豊富で、四州のうちでももっとも素晴らしい州	(『仏教の知
本市西部にあるサイカチ沼と月山池の周辺は、豊かな	自然	に恵まれ、多くの動植物が生息しています。	(市政だより

図 2-73　ダウンロードした用例ファイル

用例ファイルは，図のように，コンコーダンスの形式で表示されます。各項目の内容は表 2-8 の通りです。

表 2-8　用例ファイルの項目

項目	内容
前文脈	コンコーダンスのノードより前の文脈
ノード	コンコーダンスのキーワード，見出し語に相当
後文脈	コンコーダンスのノードより後ろの文脈
出典	NLT では，ページのタイトル
サブコーパス	NLB のみ，NLT では空白
ファイル ID	元のコーパスファイルの ID

NLB では，用例は，最大 500 件まで，NLT では，最大 10,000 件までダウンロードできます。ただし，ダウンロード機能では，フィルタ機能で絞り

込んだ結果を反映させることはできません。

2.7 2語の比較

NINJAL-LWP では，これまで見てきた見出し語1語のプロファイリングのほかに，任意の2語を選択して，2語のプロファイリングを比較する2語比較機能があります。比較できるのは同一の品詞です。なお，1語の検索の場合と同様にイ形容詞とナ形容詞は同じ形容詞扱いになるほか，2語比較の場合は形容詞と連体詞を同一カテゴリーとして扱います。

2.7.1 比較する2語の選択

2語を比較するときは，通常の見出し語検索画面ではなく，専用の2語比較検索画面で行います。図 2-74 のように，見出し語検索画面の右上の［2語比較検索］ボタンをクリックすると，図 2-75 のような2語比較検索画面が表示されます。これ以降は，NLT を使って説明していきます。

図 2-74　2語比較検索ボタン

比較する2語を選ぶ前に，まずその2語の品詞のリストを開きます。初期状態では，名詞が選ばれていますので，その他の品詞を比較するときは，その品詞のタブをクリックして，その品詞のリストを表示します。例えば，形容詞を比較するときは，形容詞・連体詞のタブをクリックして，形容詞・連体詞のリストを表示します（図 2-76）。

第2章　NINJAL-LWPの機能

図 2-75　2 語比較検索画面

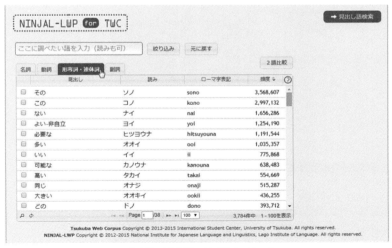

図 2-76　形容詞・連体詞のリスト

次に，比較する2語を選びます。リストから直接選ぶこともできますが，通常は，絞り込み機能を使って，候補を絞り込んでから選びます。ここでは，イ形容詞の「うれしい」と「楽しい」を比較してみましょう。絞り込みボックスに「うれしい　たのしい」を入力します。「うれしい」と「たのしい」の間は全角または半角のスペースを入れてください。入力できたら，そのままエンターキーを押すか，隣りの［絞り込み］ボタンをクリックします。すると，図2-77のように，見出し語が絞り込まれます。「楽しい」と「嬉しい」の見出しの先頭にチェックマークを入れて，リストの右上にある［2語比

図2-77　比較する2語の選択

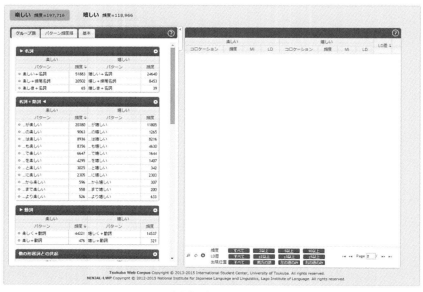

図2-78　2語比較画面

較]ボタンをクリックします。

2.7.2 2語比較画面

[2語比較]ボタンをクリックすると,図2-78のような2語比較のプロファイリングの画面が表示されます。画面の構成は,基本的に1語のプロファイリングの画面と同じですが,初期状態では,文法パターン・基本統計パネルと,コロケーションパネルだけが表示されています。文法パターンを選択した後は,文法パターンパネルの右上の突起部をクリックすれば(図2-79),文法パターンパネルが閉じて,コロケーションパネルと用例パネルが表示されます。

図2-79 文法パターンパネルを閉じる

2語比較の画面では,左側にくる語はオレンジの背景色で,右側にくる語は紫の背景色でそれぞれ表されます。この場合は「楽しい」がオレンジの背景色,「嬉しい」が紫の背景色になります。

2.7.3 文法パターンや基本統計の比較

2語比較画面の文法パターン・基本統計パネルは,見出し語1語の同パネルと同様,グループ別,パターン頻度順,基本情報の3つのタブから構成されます。グループ別表示では,文法パターンのグループごとに2語のパターンの頻度を左右に表示します。図2-80は,「楽しい」と「嬉しい」の「形容詞+名詞」のパターンです。

パターン頻度順表示では,各パターンの全体に占める比率の高い順に,2語のパターンを左右に表示します。比率の差が2%以上の場合は,比率の高い語のほうに背景色が付き,比率の差が大きくなるほど背景色が3段階に濃くなります。「楽しい」の場合は,名詞が後続するパターンが多いのに対して,「嬉しい」の場合は,助動詞が後続するパターンが多いことから,叙述的に使われることが多いのが分かります(図2-81 上)。リストの下のボ

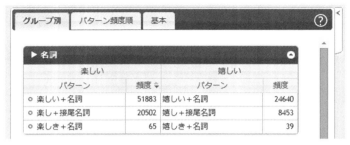

図 2-80　2 語比較グループ別表示

図 2-81　2 語比較パターン頻度順表示（下は比率差が 5% 以上）

タンを使うと，一定の比率の差があるパターンのみを表示することができます（図 2-81 下）。

基本統計タブでは，以下の5つの項目が表示され，2語の違いを比較することができます。このうち，サブコーパスとサブコーパスごとの書字形分布は，NLB にのみある項目です。また，活用形と後続助動詞の割合は用言の動詞，形容詞にのみある項目です。各項目の詳しい内容については，2.3 をご覧ください。

・サブコーパス
・書字形
・サブコーパスごとの書字形分布
・活用形
・後続助動詞の割合

図 2-82 は，「楽しい」と「嬉しい」の後続助動詞の頻度と割合を表示したものです。直後に否定形を伴う頻度と割合が表示されます。

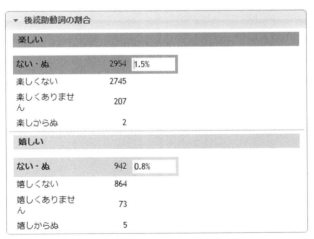

図 2-82　後続助動詞の割合の比較

2.7.4 コロケーションの比較

文法パターンパネルのグループ別またはパターン頻度順に表示された文法パターンをクリックすると，コロケーションパネルに2語のコロケーションのリストが表示されます。図2-83は，「楽しい／嬉しい＋名詞」のパターンをクリックした画面です。

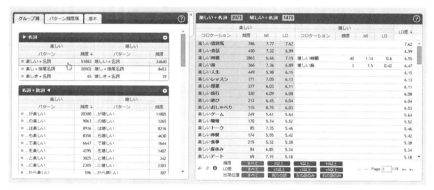

図 2-83　2語比較のコロケーションの表示

2語比較のコロケーションパネルを詳しく見ていきましょう。コロケーションの比較の基準として用いているのは，対応するコロケーションのログダイスの差です。図2-84の場合，「楽しい」のコロケーションのログダイスから，対応する「嬉しい」のコロケーションのログダイスを引いた値がログダイスの差になります。例えば，1行目にある「楽しい雰囲気」では，対応する「嬉しい雰囲気」という表現がないため，ログダイス差は，7.62−0＝7.62となります。3行目の「楽しい時間」と「嬉しい時間」では，ログダイス差は，7.15−0.6＝6.55となります。いずれの場合も，ログダイス差は正の値になるので，「楽しい」のコロケーションのほうが優勢だということになります。初期状態では，ログダイス差の大きい順に並んでいるので，この場合は，「楽しい」のコロケーションとして特徴的なものから順に並んでいることになります。

第2章　NINJAL-LWPの機能

楽しい				嬉しい				LD差
コロケーション	頻度	MI	LD	コロケーション	頻度	MI	LD	
楽しい雰囲気	786	7.77	7.62					7.62
楽しい会話	430	7.32	6.99					6.99
楽しい時間	3863	6.66	7.15	嬉しい時間	40	1.14	0.6	6.55
楽しい旅	366	7.36	6.89	嬉しい旅	3	1.5	0.42	6.47
楽しい人生	449	5.98	6.15					6.15
楽しいレッスン	171	7.05	6.13					6.13
楽しい授業	377	6.03	6.11					6.11
楽しい旅行	320	6.09	6.08					6.08
楽しい遊び	212	6.45	6.04					6.04
楽しいおしゃべり	115	8.75	6.03					6.03
楽しいゲーム	249	5.61	5.64					5.64
楽しい職場	170	5.74	5.52					5.52
楽しいトーク	85	7.35	5.46					5.46
楽しい仲間	174	5.55	5.42					5.42
楽しい食事	215	5.32	5.38					5.38
楽しい夏休み	84	6.85	5.34					5.34
楽しいデート	69	7.15	5.18					5.18

図 2-84　「楽しい＋名詞」と「嬉しい＋名詞」のコロケーションの比較

　では反対に,「嬉しい」のコロケーションとして特徴的なものを表示してみましょう。ヘッダーの一番右のログダイス差（画面上ではLD差）をクリックします。すると，図2-85のように，ログダイス差のマイナスの値が大きい順に並べ替えられ,「嬉しい」のコロケーションとして特徴的なものが順に並びます。上位3位には,「嬉しい悲鳴」,「嬉しい誤算」,「嬉しい限り」が並んできます。「嬉しい悲鳴」の場合, 対応する「楽しい悲鳴」という表現がないため，ログダイス差は，0−8.45＝−8.45となります。

　コロケーションパネルの上部には，それぞれのコロケーションの種類の件数が表示されています。図2-85の場合,「楽しい＋名詞」のコロケーションの種類が1258件,「嬉しい＋名詞」のコロケーションの種類が840件あることを示しており，比較する対象がかなり多いことが分かります。このような場合は，頻度やログダイス差を基準にして絞り込むことで,「楽しい／嬉しい＋名詞」のコロケーションの全般的な傾向を知ることができます。頻度

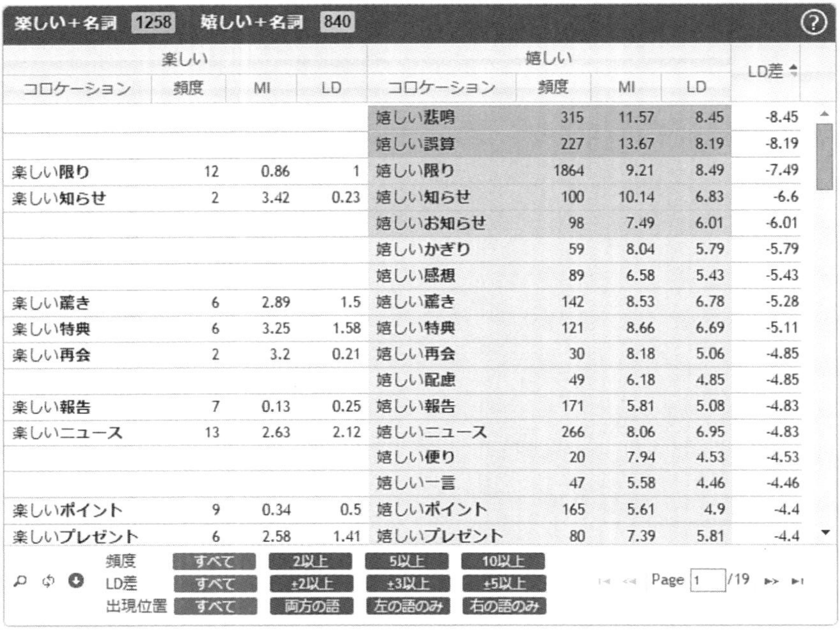

図 2-85 コロケーションの並べ替え

やログダイス差で絞り込むときは，フッターにある簡易フィルタボタンを使います（図 2-86）。

図 2-86 簡易フィルタボタン

図 2-87 は，［頻度 10 以上］（対応するどちらかのコロケーションの頻度が 10 以上という意味）と［LD 差±5 以上］をクリックして絞り込んだ結果です。ヘッダーを見ると，「楽しい＋名詞」のコロケーションが 25 種類，「嬉しい＋名詞」のコロケーションが 11 種類あることが分かります。それぞれの形容詞に特徴的なコロケーションが 1 画面に収まっているので，全般的な傾向を判断しやすくなります。

第2章　NINJAL-LWPの機能

楽しい+名詞 25				嬉しい+名詞 11				LD差
コロケーション	頻度	MI	LD	コロケーション	頻度	MI	LD	
楽しい雰囲気	786	7.77	7.62					7.62
楽しい会話	430	7.32	6.99					6.99
楽しい時間	3863	6.66	7.15	嬉しい時間	40	1.14	0.6	6.55
楽しい旅	366	7.36	6.89	嬉しい旅	3	1.5	0.42	6.47
楽しい人生	449	5.98	6.15					6.15
楽しいレッスン	171	7.05	6.13					6.13
楽しい授業	377	6.03	6.11					6.11
楽しい旅行	320	6.09	6.08					6.08
楽しい遊び	212	6.45	6.04					6.04
楽しいおしゃべり	115	8.75	6.03					6.03
楽しいゲーム	249	5.61	5.64					5.64
楽しい職場	170	5.74	5.52					5.52
楽しいトーク	85	7.35	5.46					5.46
楽しい仲間	174	5.55	5.42					5.42
楽しい食事	215	5.32	5.38					5.38
楽しい夏休み	84	6.85	5.34					5.34
楽しいデート	69	7.15	5.18					5.18
楽しい生活	583	4.71	5.14					5.14
楽しい催し	58	8.35	5.09					5.09
楽しいパーティー	78	6.17	5.08					5.08
楽しいドライブ	66	6.51	5					5
楽しい特典	6	3.25	1.58	嬉しい特典	121	8.66	6.69	-5.11
楽しい驚き	6	2.89	1.5	嬉しい驚き	142	8.53	6.78	-5.28
				嬉しい感想	89	6.58	5.43	-5.43
				嬉しいかぎり	59	8.04	5.79	-5.79
				嬉しいお知らせ	98	7.49	6.01	-6.01
楽しい知らせ	2	3.42	0.23	嬉しい知らせ	100	10.14	6.83	-6.6
楽しい限り	12	0.86	1	嬉しい限り	1864	9.21	8.49	-7.49
				嬉しい誤算	227	13.67	8.19	-8.19
				嬉しい悲鳴	315	11.57	8.45	-8.45

図 2-87　フィルタによる絞り込み

2つの形容詞に後続する名詞をその意味内容によって分類すると，表 2-9 のようになります。両者の比較からそれぞれの形容詞の意味を考えてみると，「楽しい」は，ある時間，ある場所で活動することで満足した気分になることを表すのに対して，「嬉しい」は，外からの働きかけによって，期待したことが実現し，満足した気分になることを表しています。さらに，「嬉しい」では，意外性を表す語が後続することから分かるように，期待以上の状況が生まれることも含意しています。「うれしい悲鳴」という慣用表現も，そのような意外性を含んだ表現だということができます。

表 2-9　「楽しい／嬉しい」の後続名詞の比較

楽しい
時間を表す語…時間，ひと時，日々，毎日
活動を表す語…レッスン，授業，食事，旅
娯楽を表す語…会話，おしゃべり，遊び，ゲーム
その他…雰囲気，人生，生活，イベント
うれしい
通知を表す語…ニュース，知らせ，報告
意外性を表す語…悲鳴，誤算，驚き，サプライズ
その他…感想，特典，配慮，再会

　簡易フィルタボタンの3行目の出現位置のボタンを使うと，片方の語にのみ現れているコロケーションや，両方の語に現れているコロケーションを表示して比較することができます。図 2-88 は，出現位置の［両方の語］をクリックして，「楽しい／嬉しい＋名詞」で両方に現れるコロケーションを表示しています。

楽しい+名詞 158				嬉しい+名詞 158				
コロケーション	頻度	MI	LD	コロケーション	頻度	MI	LD	LD差
楽しい時間	3863	6.66	7.15	嬉しい時間	40	1.14	0.6	6.55
楽しい旅	366	7.36	6.89	嬉しい旅	3	1.5	0.42	6.47
楽しい釣り	92	5.83	5.11	嬉しい釣り	2	1.38	0.13	4.98
楽しいひと時	1245	12.17	9.46	嬉しいひと時	25	7.6	4.74	4.72
楽しい山歩き	52	8.89	4.97	嬉しい山歩き	1	4.26	0.28	4.69
楽しい行事	192	7.19	6.28	嬉しい行事	5	3	1.62	4.66
楽しい宴	48	8.47	4.84	嬉しい宴	1	3.96	0.25	4.59
楽しいイベント	579	7.25	7.13	嬉しいイベント	20	3.47	2.6	4.53
楽しい思い出	1452	9.86	9.11	嬉しい思い出	47	5.99	4.71	4.4

図 2-88　両方の語に出現するコロケーション

2.7.5　用例の比較

前節の最後で，コロケーションパネルで，比較する 2 語の両方に出現するコロケーションを表示する方法を述べましたが，このようなコロケーションを比較する場合は，統計値上でどちらが優勢かを調べるだけでなく，用例レベルで意味の違いを比較することも重要です。ここでは，「思う」と「考える」のヲ格名詞を例に挙げて，2 語の両方に出現するコロケーションの用例を比較してみましょう。まず，NLT で「思う」と「考える」の 2 語比較画面を表示し，コロケーションパネルに「名詞＋を思う／考える」のコロケーションを表示します（図 2-89 上）。次に，簡易フィルタボタンの［出現位置］の［両方の語］をクリックします（図 2-89 下）。

「思う」と「考える」の両方に出現するコロケーションが 488 件見つかりますので，このなかから比較するコロケーションを探します。ここでは，「行く末を思う」と「行く末を考える」を比較してみましょう。まず，頻度で比較すると，「行く末を思う」が 22 件に対して，「行く末を考える」は 66 件で，「行く末を考える」の頻度が 3 倍になっています。また，ログダイスを比べると，「行く末を思う」が 4.24，「行く末を考える」が 2.99 で，「行く末を思う」のほうがやや値が高くなっています。

それでは，それぞれの用例を調べてみましょう。まず，「行く末を思う」

コロケーション	思う 頻度	MI	LD	コロケーション	考える 頻度	MI	LD	LD差
古里を思う	121	7.53	6.12					6.12
わが子を思う	51	7.33	5.17					5.17
初夏を思う	40	8.41	5.02					5.02
お互いを思う	71	5.07	4.51					4.51
娘を思う	95	4.79	4.44					4.44
念を思う	36	5.76	4.36					4.36
親を思う	113	4.6	4.35					4.35
故人を思う	28	6.68	4.35					4.35
息子を思う	58	4.87	4.28					4.28
母を思う	92	4.5	4.21					4.21

コロケーション	思う 頻度	MI	LD	コロケーション	考える 頻度	MI	LD	LD差
ご苦労を思う	30	7.83	4.59	ご苦労を考える	16	4.03	0.93	3.66
悲しみを思う	34	5.95	4.37	悲しみを考える	16	1.97	0.86	3.51
方々を思う	60	3.95	3.64	方々を考える	14	-1.04	0.23	3.41
子を思う	232	4.87	4.75	子を考える	48	-0.29	1.6	3.15
心中を思う	17	7.59	3.82	心中を考える	14	4.42	0.74	3.08
相手を思う	402	5.5	5.4	相手を考える	86	0.39	2.36	3.04
達を思う	67	3.27	3.12	達を考える	17	-1.6	0.19	2.93
他人を思う	24	3.32	2.82	他人を考える	13	-0.45	0.3	2.52
境遇を思う	11	6.3	3.14	境遇を考える	13	3.66	0.63	2.51
ためを思う	600	3.18	3.24	ためを考える	124	-1.98	0.81	2.43

図 2-89 「名詞＋を思う／考える」のコロケーション

の用例を調べてみます。「行く末を思う」をクリックすると，左側の文法パターンパネルが閉じて，コロケーションパネルの右に用例パネルが現れ，「行く末を思う」の用例が表示されます（図 2-90）。

第2章 NINJAL-LWPの機能

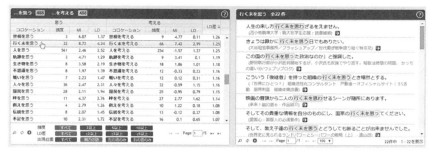

図 2-90 「行く末を思う」の用例

実際の用例をいくつか挙げてみましょう。

・映画の冒頭から二人の行く末を思わせるシーンが随所にあります。(来来!幽幻道士―作品紹介)
・そして,教え子達の行く末を思うとどうしても断ることが出来ませんでした。(世界史に見られるランドパワーとシーパワーの戦略(上)―連山改)
・まさに今,作る人も食べる人も,立場を超えて考えなければいけない。」岐路に立たされている村の野菜作り,そして日本の農業の行く末を思いながら,山本さんは野菜を作り続けていく覚悟です。(農家さんご紹介―オーガニック・カフェレストラン 愛農人)

同様に,「行く末を考える」の用例も調べます。コロケーションパネルの「行く末を考える」をクリックすると,用例パネルにこの用例が表示されます。用例をいくつか挙げてみましょう。

・行く末を何も考えずに当然のように大学院に進学した。(看護師のエッセイ―今月の看護師)
・日本もそうですが,長期的な視野で国の行く末を考えられる本当のリーダーが必要だと思います。(モルドバ奮闘記)
・そこに,われわれの行く末を考えるためのヒントが隠されている,そう信じてきたからである。(文部科学省科研費補助金「新学術領域研究」:ネアンデルタールとサピエンス交替劇の真相:学習能力の進化に基づく

103

実証的研究／プロジェクトの紹介）

両方の用例を比較すると，どちらの言い方をしてもほとんど意味が変わらないような場合もありますが，総合的に判断すると，「行く末を思う」は，「漠然と将来を予想する」や「将来を心配する」という感覚的な意味合いで使われているのに対し，「行く末を考える」では，「将来のためにとるべき自らの態度や行動について具体的に判断する」というより積極的な意味が込められています。このような微妙な意味の違いは，頻度などの統計値ではまったく判断できない部分なので，用例を見ながら両者を比較してみることが大切になります。

用例パネルのこの他の使い方は，見出し語1語のプロファイリングの用例パネルと同じです。詳しくは，2.6 をご覧ください。

2.8　レキシカルプロファイリングの仕組み

第2章では，NINJAL-LWP の機能と使い方を詳しく見てきました。最終節では，レキシカルプロファイリング（以下，プロファイリング）というツールが，どのようにして，これまで見てきたような検索を実現しているのか，その背後の仕組みについて解説します。

仕組みの話に入る前に，プロファイリングとコンコーダンスの違いについて，確認しておきます。コンコーダンスでは，ユーザーが検索文字列や検索式を指定し，検索ボタンをクリックすると，結果がコンコーダンスの形で返されるという一連の流れがあります。コンコーダンサ『中納言』（1.6.1 を参照）を使い，1.5.4 でも取り上げた慣用句「地に足が着く／着かない」を例に，コンコーダンスでの検索の手順を確認してみましょう。

最初に図2-91のように検索式を入力します。「足が」と「着く」の間に「地に」が来る場合があるので，「着く」の出現位置は，キーとなる「足」から5語「以内」に指定します。このように，幅を持たせた指定にすることで，「足が地に着く」や「足がしっかり地に着く」という例も柔軟に拾い出すことができます。また，「足」や「着く」を語彙素として指定することで，表記の違いや用言の活用形の違いを吸収できます。

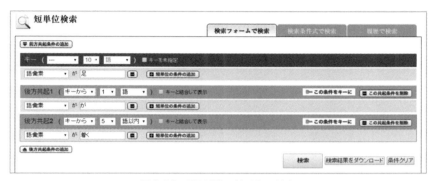

図 2-91　「足が地に着く」の検索

検索式が入力できたら，［検索］ボタンをクリックします。すると，図2-92のようなコンコーダンスの結果が返ってきます。ここでは，検索結果が見やすいように，キーと前後文脈だけを表示しています。結果を見ると，「足が地に着く」，「地に足が着く」，またその否定形など，さまざまなバリエーションがあるのが分かります。

17 件の結果が見つかりました。　　テーブルの幅を固定 短
（検索対象語数：124,100,964、空白・記号・補助記号を除いた検索対象語数：104,911,460）

サンプルID	前文脈	キー	後文脈
LBi7_00001	と言う勇気はないが、幸せの余り	足	(が)地に(着か)ない感じだ。#次に
PB39_00252	変えずに威嚇して来る。#地に	足	(が)(着か)ない状況だった。#　季節外れ
LBr9_00211	た。#心境としては前向きで、	足	(が)地に(着い)てきた。#定年が
PM25_00086	の私は、バイクにまたがると地面に	足	(が)(着か)ないので、コケたときの
LBj3_00041	小柄な千葉さんが便器に腰掛けると、	足	(が)下に(着か)ない。#それでは力
PM11_00805	付き合えます。#冒険は苦手で、地に	足	(が)(着い)た気質でもあり、努力と
LBk9_00048	感覚をとりもどそうとしたのですが、	足	(が)地面に(着い)ているのかどうか
LBo9_00100	が、チクチクと顔に当たる。#「	足	(が)(着く)。#練、すぐ下、地面だ
PB39_00718	いうイメージを与えていた。#地に	足	(が)(着い)ているのかいないのか
OY13_06293	します。#なので、もう少し「	足	(が)地に(着い)ている」ような感じ
PB59_00465	が大勢を占めていた。#それゆえ	足	(が)地に(着い)ていない宙に浮い
LBn9_00111	。#足を踏み出していたが、その	足	(が)地面に(着い)たときは、その感覚
LBn9_00114	自分の人生のうえに宙吊りになって	足	(が)地に(着か)ず、方向を見定めること

図 2-92　「地に足が着く」のコンコーダンス

一方，NINJAL-LWPのプロファイリングの検索では，内容語の見出しの検索から始まります。まず，NLBの見出し語検索画面で，動詞の「着く」を検索します（図2-93）。リストに現れた「着く」をクリックして，「着く」

のプロファイリングの画面を表示します。

図 2-93 「着く」の検索

次に，文法パターンパネルの［名詞＋助詞◀］グループの最初にある「…が着く」のパターンをクリックします（図 2-94）。

図 2-94 「…が着く」

すると，中央のコロケーションパネルに，「…が着く」のコロケーションが表示されますので，5番目の「足が着く」をクリックします（図 2-95）。すると，今度は，右側の用例パネルに「足が着く」の用例が表示されます。フッターの左端にあるフィルタ設定ボタンをクリックして，図 2-96 のように入力して，［フィルタ］ボ

図 2-95 「足が着く」

図 2-96 「足が地に着く」

タンをクリックします。これで,「地に」または「地面に」を含む用例に絞り込むことができます。図 2-97 のように,最終的に 15 件の「地に足が着く」(「足が地に着く」を含む)の用例が抽出できます。

図 2-97 「足が地に着く」の用例

2つのツールの検索のしかたの違いをまとめると,表 2-10 のようになります。コンコーダンスでは,詳細な検索条件を指定することで,目的とする用例を直接検索できるという利点がありますが,その反面,適切に検索条件が指定できるようになるには習熟を要します。一方のプロファイリングでは,

表 2-10 コンコーダンスとプロファイリングの検索の違い

コンコーダンス	詳細な検索条件を指定して,目的とする用例を直接検索する
プロファイリング	見出し語から,文法パターン,コロケーション,用例の順に検索を進める

複雑な検索条件を指定せずに済むものの，目的の用例にたどり着くまでにいくつかの段階を経る必要があります。それぞれ一長一短があります。

　それでは，本題のプロファイリングの仕組みについて見ていきましょう。前にも述べたように，プロファイリングでは，典型的な文法パターンを表す検索式をあらかじめ作成して，それぞれの内容語の見出しに対して，文法パターンを網羅的に検索して，それぞれの用例にどのパターンが含まれているかをデータベースに記録して保存します。NINJAL-LWP でのプロファイリングでいう検索は，このデータベースに記録されたデータを検索することにほかなりません。

　プロファイリングの作成過程を具体例を挙げて見てみます。ここでは，「大きな川がゆったりと西から東に流れる」という例を取り上げ，動詞「流れる」のプロファイリングがどのように作成されるのかを見ていきます。

　NINJAL-LWP には，動詞に対する文法パターンが約 150 種類登録されています。ここでは，話を簡単にするため，「流れる」の格パターンを構成する「名詞＋格助詞＋動詞」のパターンに絞って考えてみます。まず先ほど挙げた文に形態素解析と係り受け解析を行うと，以下のようになります。

```
* 0 1D 0/0 1.295043
大きな		連体詞,*,*,*,*,*,大きな,オオキナ,オーキナ,大きな,オオキナ,*,*
* 1 5D 0/1 -0.475901
川		名詞,一般,*,*,*,*,川,カワ,カワ,川,カワ,*,*
が		助詞,格助詞,一般,*,*,*,が,ガ,ガ,,,,
* 2 5D 0/1 -0.475901
ゆったり	副詞,助詞類接続,*,*,*,*,ゆったり,ユッタリ,ユッタリ,ゆったり,ユッタリ,*,*
と		助詞,副詞化,*,*,*,*,と,ト,ト,,,,
* 3 5D 0/1 -0.475901
西		名詞,一般,*,*,*,*,西,ニシ,ニシ,西,ニシ,*,*
から		助詞,格助詞,一般,*,*,*,から,カラ,カラ,,,,
* 4 5D 0/1 -0.475901
東		名詞,一般,*,*,*,*,東,ヒガシ,ヒガシ,東,ヒガシ,*,*
に		助詞,格助詞,一般,*,*,*,に,ニ,ニ,,,,
* 5 -1D 0/0 0.000000
流れる		動詞,自立,*,*,一段,基本形,流れる,ナガレル,ナガレル,流れる - ナガレル - 一段,ナガレル,流れる,*,和
。		記号,句点,*,*,*,*,。,。,。,,,1,,
EOS
```

　文節の始まりには，＊（アスタリスク）で始まる行が挿入され，その文節

のIDとその文節が係る文節のIDなどが示されています。例えば，2番目の文節の最初にある「* 1 5D 0/1 -0.475901」は，この文節のIDが1で，IDが5の文節に係るという意味を表しています。文節の開始を示す行の後には，その文節に含まれる語（正確には形態素）の情報が1語ずつ1行で示されています。この文節の係り受け情報をもとにすれば，動詞「流れる」にどの格が係るのかが分かります。この文の格の係り受けの関係をすべて図式化すると次のようになります。

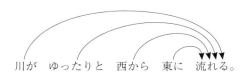

NINJAL-LWPでは，このような係り受けの情報をもとに表層格とその動詞を抽出します。この文では，「川が→流れる」のほか，「西から→流れる」，「東に→流れる」が抽出されます。抽出の過程を図式化すると，図2-98のようになります。

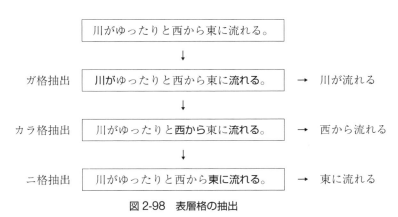

図2-98　表層格の抽出

自動詞の「流れる」には，ヲ格がありません。抽出する格がないときはそのままスキップします。また，格構造ではありませんが，この文では，副詞修飾として，「ゆったりと→流れる」も抽出されます。

ここでは，動詞の格パターンの抽出を例に挙げましたが，NINJAL-LWP

では，おおよそこのような方法で，他の内容語のパターンについても網羅的に検索し，そのようにして得られたパターン情報をデータベースに蓄積していきます。ただ，なかには，どのパターンにも該当しない文も存在します。例えば，「流れる？」という文のように，1語で構成される文には，同じセンテンスの他の語との関係がないので，どのパターンにも該当しません。NINJAL-LWPでは，このような文を未分類というグループでまとめ，表示するようにしています。図2-99は，NLTの「流れる」の未分類の用例を表示している画面です。

図2-99　「流れる」の未分類の用例

これまで述べたプロファイリングの抽出のメカニズムから分かるように，プロファイリングの画面では，同じ用例が他のパターンにも該当する場合は，

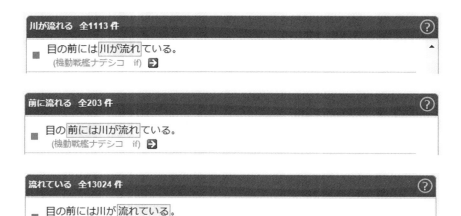

図2-100　同じ用例が複数のパターンで表示される例

それぞれのパターンで表示されることになります。例えば，「目の前には川が流れている」という用例の場合，ガ格名詞の「川」のほか，ニ格名詞の「前」，「流れている」（テイル形）の3つのパターンで表示されます（図2-100）。

　以上，第2章では，NINJAL-LWPの機能と操作方法を中心に解説してきました。次の応用編では，基礎編で得られた知識をもとに，NINJAL-LWPを辞書執筆，研究などに活用するための具体的な事例を紹介していきます。

<応用編>

レキシカルプロファイリングツール NINJAL-LWP の活用

　言語研究において，言語データを見ることは基本的な作業になります。言語データをコーパスで見ていく作業のときに重宝するのがレキシカルプロファイリングによってまとめられたデータです。これにより，共起語や文法的な振る舞いを簡便に見渡すということが可能になります。すでに基礎編で，レキシカルプロファイリングを施した NINJAL-LWP の使い方についてはマスターされていることでしょう。応用編（第3章と第4章）では NINJAL-LWP の便利さを実感できるような事例を紹介します。

　第3章では，NINJAL-LWP for BCCWJ (NLB) と NINJAL-LWP for TWC (NLT) の活用例として，国立国語研究所の『基本動詞ハンドブック』の執筆・編集作業において NLB/NLT をどのように利用してきたかについて解説します。このハンドブックは今後も拡充される予定であり，NLB/NLT を利用した執筆が継続しています。ハンドブックは，日本語の基本動詞の語義や用法を詳しく説明したツールで，WEB 上で公開されています（http://verbhandbook.ninjal.ac.jp）。NLB/NLT は，ハンドブックを執筆する際の主要なツールとして使用されています。NLB/NLT で採用されているレキシカルプロファイリングは，そもそも学習用辞典を編集するために発想されたツールですので，このハンドブックに限らず，ほかの辞典編集に活用できますし，基礎研究としての語彙研究に幅広く活用することができます。

　第4章では，NLB/NLT を語彙研究に活用する方法として，NLB/NLT の新バージョンに追加された2語比較機能を利用して，類義語，対義語，ゆれのある語について調査する例を取り上げて示します。NLB/NLT の2語比較機能を使うと2語の共起語が左右に並んで示されます。それを

見ることにより，２語の異同が見えてきます。今回は，２語の共起語に注目した調査に限りましたが，１語の中での文法的な振る舞いの比較（たとえば，形容詞の限定用法と叙述用法における違い）なども可能です。レキシカルプロファイリングによる NLB/NLT を語彙研究のためのツールとして活用する方法を各々のユーザーが開発していってくれることを望みます。

第3章
『基本動詞ハンドブック』の執筆における利用

『基本動詞ハンドブック』（以下，ハンドブック，cf. Pardeshi et al. 2012）（図3-1）は，一言で言えば基本動詞辞典のようなものですが，一般の国語辞典よりも内容が詳しくなっています。多義的な基本動詞の語義，語義間の関係（語義のネットワーク），語義ごとの文型（格パターン），コロケーション，コーパスからの用例，誤用解説など，他の国語辞典には見られない豊富な情報を提供しています。また，音声付きの例文や，アニメ（動画）になった例文など，オーディオ・ビジュアルコンテンツも充実しています。

NLB/NLT は，ハンドブックを執筆する際の主要なツールとして使用されています。NLB/NLT で採用されているレキシカルプロファイリングは，そもそも学習用辞典を編集するために発想されたツールですので，このハンドブックに限らず，辞典編集や語彙研究に幅広く活用することができます。

以下では，辞典編集や語彙研究に活用する際のヒントとなるように，ハンドブック執筆時の NLB/NLT の利用方法を解説します。

3.1 語義の認定

ハンドブックでは，使用頻度が高い，基本的な動詞を扱っています。基本的な動詞の多くは多義語です。多義語の語義は文脈によって決まります。文あるいは文脈を見て，そのなかでどのような意味で使われているかが最終的な判断の際に必要となります。とは言っても，闇雲に文を見ていても，語義を明らかにすることはできません。そこで，まずは共起語を手掛かりにして語義を考えることになります。NLB/NLT では，助詞ごとに共起語の数が示されますので，まずはそれを見ていくことになります。以下では，動詞「走

図 3-1　基本動詞ハンドブック

第3章 『基本動詞ハンドブック』の執筆における利用

る」を例に説明します。

NLT で「…が走る」の共起語を頻度の上位 10 語とログダイス（以下，LD）上位 10 語で調べると，次のようになります（【一般】は固有名詞一般を表します。詳しくは 2.5.6 を参照）。

頻度上位 10 語
　車，痛み，激痛，電車，バス，【一般】，列車，衝撃，緊張，人
LD 上位 10 語
　激痛，電車，列車，衝撃，虫ず，痛み，亀裂，激震，緊張，閃光

下線が引いてあるのは，頻度の上位 10 語にあって LD の上位 10 語にないもの，あるいはその逆に LD 上位 10 語にあって頻度上位 10 語にないものです。まず頻度を見ると，「車」が最も頻度が高くなっています。「バス，人」も同じように，頻度では上位に来ますが，LD のほうには，これらは現れません。

一方，LD 上位 10 語に入っている「虫ず（虫唾），亀裂，激震，閃光」は高頻度のほうに入っていません。この例から，LD を見ることによって，その動詞に特徴的な共起語を見つけやすいことが分かります。ここで特徴的というのは，その共起語と動詞との結びつきは強いのですが，中心義（基本義）とは異なるものという意味です。中心義は，多義語の最も中心的，基本的な意味のことです。

次に，頻度上位 100 語に入っている共起語を意味のグループごとにまとめてみました（【一般】や「の」などは除いています）（表 3-1）。このグループ分けは，筆者の直感によったものですので，他の分け方も可能でしょうし，また，グループのラベルも別のものが考えられるでしょう。

表 3-1 「走る」と共起するガ格名詞のグループ分け

人	人，私，自分，〜たち，〜さん，子供，選手，者，僕，ランナー，〜達，皆，人間，全員，男，あなた，〜ら，子，人々，彼，〜ちゃん，自身
動物	ウマ，馬，〜頭，犬
乗り物	車，電車，バス，列車，自転車，自動車，車両，トラック，船，汽車，地下鉄，市電，新幹線，バイク，〜系，タクシー，カー，特急，〜号，SL，都電，馬車
道・線路	道路，鉄道，道，〜号線，線路，国道，路線，街道，〜線，通り
線	線，ライン，筋
線状器官	神経，血管
線状地形	山脈，〜帯，断層
亀裂	亀裂，溝
感覚	〜感，悪寒，戦慄，寒気，感覚，電気，電流，予感，震え
痛み	痛み，激痛，痺れ
衝撃	衝撃，激震，緊張，動揺
光・音	光，閃光，稲妻
虫唾	虫ず
動かす物	（ゴルフクラブの）ヘッド，筆

　この表が，語義を区分するための基礎データになります。なお，上位 100 語で必要十分かというと，そのようなことはありません。場合によっては，さらに下位まで精査することが必要となるでしょう。ただし，あまりに頻度が低いところまで見ても，有益な情報が得られないことも多いので，どこまで見るかはケースバイケースになります。

　表 3-1 の区分を既存の国語辞典の語義と比べてみましょう。ここでは『大辞林』（第三版，電子版）を使います。国語辞典の語義と上記の共起語の意味グループを対応させてみましょう。以下の『大辞林』の語義にあって，表 3-1 の「…が走る」の共起語の意味グループにないものは何でしょうか。

第3章 『基本動詞ハンドブック』の執筆における利用

はしる［走る］
① 人や動物が足をはやく動かして，すみやかに前へ進む。かける。「廊下を－・ってはいけない」「全速力で－・る」「犬が－・ってくる」
② 乗り物が進む。走行する。「高速道路を－・るバス」「電車が－・る」
③ 急いで行く。早く行く。「現場へ－・る」「使いに－・る」
④ （戦いに破れて）逃げる。敗走する。「西国へ－・る」
⑤ （「奔る」とも書く）（主人や親もとから）逃亡する。逃げて姿をくらます。出奔する。「若い女のもとへ－・る」「敵国側へ－・る」
⑥ （「趨る」とも書く。「…に走る」の形で）ある方向に強くかたむく。「悪事に－・る」「とかく感情に－・りやすい」「何事も極端に－・るきらいがある」
⑦ はやく移動する。「夜空に稲妻が－・る」
⑧ ある感覚や感情が瞬間的にあらわれて消える。「肩にするどい痛みが－・った」「顔に不安の影が－・る」「むしずが－・る」
⑨ よどみなくスムーズに動く。「筆を－・らせる」「ペンが－・りすぎて物議をかもす」「今日のピッチャーは球（たま）がよく－・る」
⑩ 道などがある場所を貫く。通る。「町の中央を大通りが東西に－・る」「国境を南北に－・る山脈」

③，④，⑤，⑥の語義を生じさせているのは「走る」と共起するニ格をとる名詞です。「走る」と共起するガ格をとる名詞を示した表3-1ではこれらの語義はカバーできていません。ガ格名詞で語義が判別できる①，②，⑦，⑧，⑨，⑩の語義については，共起語の意味グループにもすべて含まれています。①は意味グループの「人」と「動物」，②は「乗り物」，⑦は「光・音」，⑧は「感覚」と「痛

…を走る　1984種類

コロケーション	頻度	MI	LD
車を走る	1,679	7.74	7.40
道を走る	1,592	7.88	7.52
なかを走る	1,096	5.25	5.01
道路を走る	1,093	8.56	8.01
上を走る	797	5.16	4.91
距離を走る	618	8.21	7.54
前を走る	560	4.91	4.65
【地域】を走る	544	1.39	1.18
【一般】を走る	511	1.78	1.57
コースを走る	498	7.55	6.97
線を走る	398	6.38	5.95
車道を走る	397	11.07	8.45
号線を走る	362	9.97	8.08
歩道を走る	359	9.86	8.04
ところを走る	335	4.08	3.82
先頭を走る	322	9.83	7.92
長距離を走る	296	10.55	8.01

図3-2　名詞＋を走る

み」，⑨は「動かす物」，⑩は「道・線路」と「線状地形」がそれぞれ対応します。ガ格の共起語を見ることで，一定の語義が拾えることが分かります。

次に「走る」のガ格以外の共起語を調べます。まず，NLTの「…を走る」のコロケーションを見てみましょう（図3-2）。頻度順で見ると，（「車」は「走らせる」で使われているので，これは除いて）「道，道路，歩道」などの経路を表す語が多いですが，そのほかに「先頭」があります。「先頭を走る」は文字通りの「一番前を走る」という意味のほかに「他よりも進んでいて優れている」という比喩的な意味も表します。図3-2では見えませんが，「トップ，最先端」という共起語も見つかり，これらにも同様の比喩的な意味があります。これに相当する語義は『大辞林』にはありません。

コロケーション	頻度	MI	LD
ように走る	1,167	3.86	3.30
一緒に走る	951	7.66	6.96
ために走る	544	3.67	3.10
方向に走る	480	7.18	6.43
非行に走る	361	11.49	8.64
的に走る	347	2.34	1.78
南北に走る	310	10.37	8.18
東西に走る	294	10.27	8.10
前に走る	287	4.30	3.70
行動に走る	253	5.94	5.22
ときに走る	233	2.90	2.32
主義に走る	212	5.84	5.11
行為に走る	208	5.83	5.09
沿いに走る	187	8.66	7.06
犯罪に走る	184	7.39	6.30
【地域】に走る	169	0.05	-0.50
間に走る	160	3.98	3.36

図 3-3　名詞＋に走る

「…に走る」の共起語を見ると（図3-3），先の「…が走る」で漏れていた，⑥の「ある方向に強くかたむく」の語義に相当する多くの共起語「非行，行動，主義，行為，犯罪」（図3-3では見えませんが，ほかに「浮気，極端，保身，趣味，私欲，感情，不倫，金儲け」など）が見つかります。

このほかに，次のような「金策／～集めに走る」という用例が見つかります。

(1) そして街へ出て情報を**集めに走った**。（『道果ての向こうの光』50 [NLT]）

(2) 2億円を女性たちが隠れて横領しているときに，スンーズの社長は

必死で**金策に走って**いた。(現代, 2004, 一般 [NLB])

　『大辞林』では, (1), (2)のような用法を語義③の「急いでいく」にまとめています。ハンドブックでは,「金策／〜集めに走る」というこの用法を「＜人＞が＜目的＞＋ニ＋走る」の文型（格パターン）として「必要なものを求めて急いで行く」という語義を立てて,「＜人＞が＜目的地＞に走る」という文型の「目的の場所へ急いで移動する」という語義とは区別しています。なお,「必要なものを求めて急いで行く」の語義の場合, 実際に外に出て, 相手のところに行っているかどうかは定かではありません。例えば, 電話などで依頼している場合も考えられます。このような比喩的な用例も, この語義に入れています。比喩的な意味をどのように区別するか, 新たな語義を立てるべきかは難しい問題です。

　このように, 共起語を見ることにより, 国語辞典にはない語義, あるいはより細かな分類としての語義が見つかることもありますが, これとは逆に, 国語辞典の方がより細かく語義を分類している場合もあります。『大辞林』では④「(戦いに破れて) 逃げる。敗走する。」と⑤「(主人や親もとから) 逃亡する。逃げて姿をくらます。出奔する。」を区別しています。しかし, (3)の例のように④と⑤の区別をすることが難しい場合もあります。

(3) 　その後荒木勢は一年あまり有岡城に籠城するが, 隙を見て村重は城を脱出, 妻子・家臣を捨てて**毛利に走った**。(特集　近江の姫たち―江のふるさと滋賀 [NLT])

　ハンドブックでは, これらはまとめて「逃げる。自分の立場から逃げてある側につく」としています。これらは「＜人＞が＜場所＞＋ニ＋走る」という文型が典型的であり, 場所の代わりに人・組織が入る場合もあります。『大辞林』を参照することで, より細かく語義を分ける可能性が生じましたが, 文型, 共起語が共通していて, 意味も「逃げる」が共通しているため, ハンドブックでは分けずに, 1つの語義としました。

　上記の場合のように, 国語辞典の語義よりハンドブックの語義が大きくまとまることもありますが, できるだけ詳しく記述することを目指しているハンドブックでは, 語義は, 既存の国語辞典よりも細かな分類になる傾向があ

ります。先に見た「金策／〜集めに走る」のほかに,『大辞林』では1つの語義のものをハンドブックで複数の語義に分けている例として,乗り物が主語になるケースがあります。『大辞林』では,「乗り物が進む。走行する。」という1つの語義で扱っていますが,ハンドブックでは,「乗り物が（前に）動く」という語義（例4）と,「乗り物が一定の場所を運行する」という語義（例5）に分けています。

(4) **列車は**海岸線をゆったりと**走り**,すぐそばまで波が打ち寄せてくるかのようです。(吉沢久子著『吉沢久子のおいしい和菓子みつけました』,2003,596 [NLB])
(5) 浜松では一九二二年にタクシーが営業を開始し,翌年には**バスが走るように**なった。(竹内宏編著『「浜松企業」強さの秘密』,2002,509 [NLB])

確かに共起語は,語義の認定に役立ちます。しかし,(4)と(5)の場合には共起語の情報だけでは区別がつきません。そのような場合は,用例を見ながらさらに精査することが必要です。

ハンドブックでは,語義を説明した文を「語釈」と呼んでいます。「走る」の第1義の語釈は,「人,動物などが,（足を交互にすばやく動かして）速く前に進む」となっています。これには,主体が人や動物であること,そして「走る」の動作とその移動の様子が示されています。語釈は,コーパスの用例を参照しながら,その語の意味を過不足なく表現できるように記述されています。

3.2 中心義

語義は中心義から派生義の順に並べるのが基本です。しかし,何を中心義と認定し,派生義をどのような順番に並べればいいかは自明ではありません。以下のようないくつかの基準に照らして中心義を決めていかなくてはなりません。さらに用例を注意深く観察することも欠かせません。

中心義は:

1) 共起語の頻度が高い

2）共起語の種類が多い
3）文法の制限が少ない
4）共起語が具体的である
5）語義ネットワークの中心に据えると語義ネットワークが描きやすい

中心義は最もよく使われると予測されます。中心義と一緒に使われる共起語の頻度も高くなるはずです。そのため高頻度で現れる共

...が走る 1838種類			
コロケーション	頻度	MI	LD
車が走る	883	7.87	6.54
痛みが走る	566	9.03	7.54
激痛が走る	514	13.95	9.95
電車が走る	511	9.88	8.20
バスが走る	411	8.51	7.03
【一般】が走る	362	2.34	1.08
列車が走る	342	9.74	7.93
衝撃が走る	275	9.84	7.89
緊張が走る	248	9.26	7.46
人が走る	244	2.59	1.33

図 3-4　名詞＋が走る

起語を手がかりに，その動詞の中心義を探ることができます。そこでNLTの「…が走る」の共起語を見ると，頻度が高い順に，「車，痛み，激痛，電車，バス」です（図3-4）。これらのなかに，中心義の主体となるのにふさわしい共起語はあるでしょうか。ハンドブックの「走る」の見出しでは，人や動物が主体になる「人，動物などが，（足を交互にすばやく動かして）速く前に進む」を中心義としています。「車」や「痛み」が主体となるものは派生義としています。しかし，図3-4を見ると，「…が走る」の中心義と共起するはずの「人」は中心義ではない場合の共起語である「車」，「痛み」，「激痛」，「緊張」などよりも頻度が低くなっています。このことから，単純に「…が走る」の高頻度の共起語から中心義を予測することはできないことが分かります。一方，「…は走る」の共起語を見ると，頻度の高い方から「車，私，【一般】，【人名】，バス，人，列車，僕」となり，「人」を表す語も上位に並びます。「ガ」の場合，「人」を主体として取りにくい一方，「ハ」では人を主体として明示しやすくなります。主体となる語の偏りを勘案すれば，「…が走る」の共起語を見るだけでは十分ではなく，「…は走る」の共起語も見るべきです。中心義の認定に共起語の頻度がある程度役立つことは確かですが，それだけでなく，他の基準も見ながら総合的に，中心義，派生義を判断・認定していくことになります。

中心義は一般に，意味上の特殊な限定を伴うものではありません。2) の「共起語の種類が多い」ことは，意味が限定されていない証拠になります。先の表 3-1 の一部を以下に再掲すると，「人」と「乗り物」に関する共起語の種類が多く，ガ格と高頻度で共起する「痛み」に関する共起語の種類は比較的少ないことが分かります（表3-2）。「痛み」と「感覚」の意味グループを 1 つのグループにまとめることも考えられますが，それでも「人」と「乗り物」の方が種類が多いことに変わりはありません。共起語の種類の多さの点からは，「人」や「乗り物」が主体になる場合が中心義の候補になります。

表 3-2 「走る」のガ格名詞のグループ分け（一部再掲）

人	人，私，自分，〜たち，〜さん，子供，選手，者，僕，ランナー，〜達，皆，人間，全員，男，あなた，〜ら，子，人々，彼，〜ちゃん，自身
動物	ウマ，馬，〜頭，犬
乗り物	車，電車，バス，列車，自転車，自動車，車両，トラック，船，汽車，地下鉄，市電，新幹線，バイク，〜系，タクシー，カー，特急，〜号，SL，都電，馬車
感覚	〜感，悪寒，戦慄，寒気，感覚，電気，電流，予感，震え
痛み	痛み，激痛，痺れ

　3) の「文法の制限が少ない」ことも，中心義の性質の一つだと考えられます。例えば移動の速度を表す副詞を伴った「人／車がゆっくり走る」は言えますが，「痛みがゆっくり走る」は不自然です。また，移動の場所（経路）はヲ格で「〜ヲ走る／歩く／渡る」のように表されますが，「痛みが手を走る」は不自然で，「痛みが手に走る」が自然です。このような文法上の制約が生じるのは，中心義に含まれる「移動する」の意味が薄れているからでしょう。この点でも，「人（・動物）」と「乗り物」のほうが中心義の共起語として有力です。

　4)「共起語が具体的である」というのは，基本語は具体的な物事から抽象的な物事へ意味が拡張していくという前提に立っているからです。「人（・動物）」は具体的ですが，「痛み」は「人（・動物）」よりも抽象的です。「乗り物」も具体物です。この点でも，「人（・動物）」と「乗り物」が中心義の

共起語の候補になります。

最後に 5) の「語義ネットワークの中心に据えると語義ネットワークが描きやすい」というのは，その語義を中心義に据える合理性があるということを示しています。語義を決めて，それらを並べてみて，中心義から派生義へと自然につながるようにできるものこそ，中心義であろうという考え方です。この点では，「乗り物」よりも「人・動物」を中心に据えたほうが他の語義とのつながりが描きやすそうです。例えば，「乗り物」の移動は「人・動物」の移動から拡張したと考えるほうが，その逆よりも自然ですし，「痛みが走る」などは，乗り物の移動からの意味拡張とは考えづらく，これも，「人・動物」の移動からの拡張とした方がより自然でしょう。以上のように，中心義は，基準として挙げたもののうち，どれか一つで絶対的に決まるわけではなく，総合的に決めていくものです。図 3-5 は，ハンドブックの「走る」の語義の関係を表したネットワーク図です。

図 3-5 「走る」の語義ネットワーク

3.3 例文

ハンドブックでは，それぞれの語義に作例とコーパスからの実例がついています。実例は NLB からの引用です。NLB/NLT では，用例は短い順に表示されますので，先頭の用例から順に見て，適当なものを探します。ある程度長くないと分かりにくい場合もありますので，一概には言えませんが，長すぎず，端的に意味が分かりやすいものを優先します。また，受身，使役，疑問，否定などのバラエティに富む例文があったほうがいいと思われます。このような実例を探すには，NLB の文法パネルの［グループ別］の［▶助動詞］のなかから，「走られる」「走らせる」「走らない」などを選んで，用

例を確認します。以下のような間接受身文の例も NLB で見つかります。

(6) 夜中に近所を**走られる**とうるさくて迷惑なんですけど。(Yahoo! 知恵袋, 2005, 自動車 [NLB])

3.4 コロケーション

ハンドブックには, 共起語の情報をまとめたコロケーション欄があり, 共起語を格などで分類し, ラベルをつけています。「走る」の中心義である語義1「人, 動物などが, (足を交互にすばやく動かして) 速く前に進む」の「＜地点＞から＜地点＞まで」のコロケーションを例にして, 共起語の選定のしかたを説明します。まず, NLT で＜起点＞を意味するカラ格が「走る」と共起する場合を検索すると, 以下のような共起語が見つかります。

> 【地域】から, そこから, ここから, 【一般】から, 【人名】から, 駅から, 交差点から, 後ろから, 前から, 最初から, 向こうから, 市から, 方面から, 頃から, 【組織】から, 朝から, ときから, 左から, 側から, 町から, 時から, 場から, 空港から, 部から, 今から, 家から, 上から, 日から, 遠くから, ところから, ふだんから, 自宅から, 辺りから…

ここから指示詞や具体性に欠ける位置名詞 (例えば, 「前」など) などを除いて高頻度の＜起点＞の候補となりそうな具体名詞を選択すると, 「駅, 交差点, 市, 町, 空港, 家, 自宅」になります。これらから適当なものを選んで起点を表す共起語とします。

同様にして, それ以外の共起語も収集します。それぞれ, ＜ラベル＞＋助詞ごとに共起語をまとめてみました。

> ＜場所＞を
>   場所：公園, 屋内, 校庭, 砂浜, 沿い, 歩道, 山道, コース, 廊下, 水の上, 闇の中, 暖かい日差しの中
>   位置：目の前, 先頭, トップ, はるか前方, 後ろ, 脇, 横
> ＜種目＞を
>   マラソン, フルマラソン, 長距離, 短距離, 駅伝
> ＜距離＞を
>   100 メートル, 50 メートル

第3章 『基本動詞ハンドブック』の執筆における利用

<場所>で
　公園，屋内，校庭，砂浜
<道具・状態>で
　ジョギングシューズ，裸足
<時間>で
　1時間，100メートルを11秒
<様態>
　ゆっくり，速く，一目散に，勢いよく，息せき切って，とろとろ，だらだら，全速力で，延々(と)，ばたばた（と），ひた走りに

```
コロケーション

[<地点>から<地点>まで] 》》コーパス
    駅、家、東京、箱根

[<場所>を] 》》コーパス
    公園、校庭、目の前

[<位置>を] 》》コーパス
    トップ、先頭

[<種目>を] 》》コーパス
    長距離、ハーフマラソン

[<距離>を<時間>で]
    <距離>100メートル　<時間>11秒

[<場所>で]
    公園、屋内、校庭、砂浜

[<道具・状態>で]
    ジョギングシューズ、裸足

[<様態>]
    ゆっくり、速く、一目散に、勢いよく、息せき切って、とろとろ、
    だらだら、全速力で、延々（と）、ばたばた（と）、ひた走りに
```

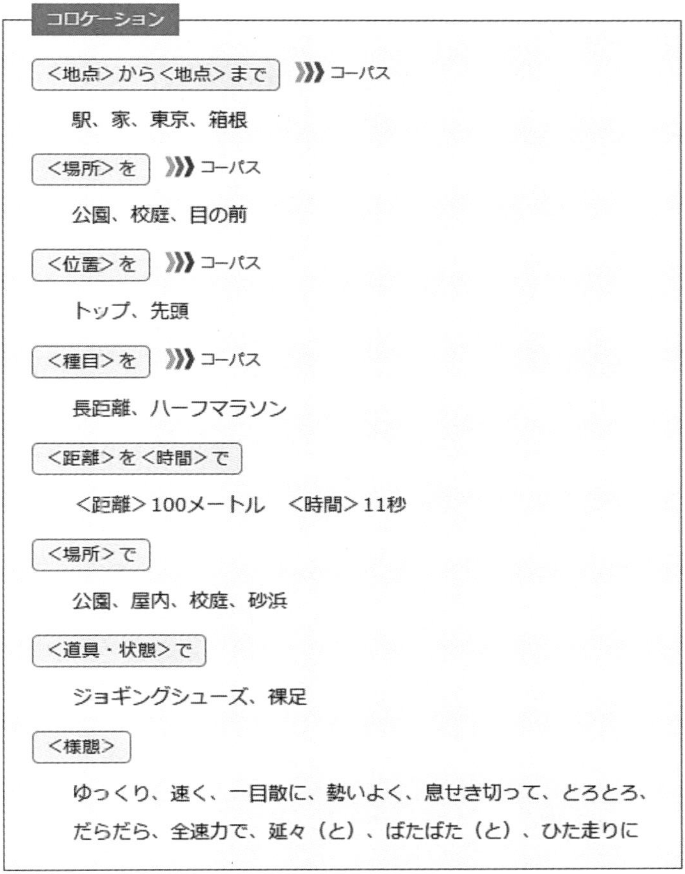

図3-6　「走る」語義1のコロケーション

これらから適当なものを選んで，コロケーション情報を記述します。また，必要に応じて共起語を足します。例えば「＜地点＞から＜地点＞まで」には【地域】（「地域を表す固有名詞」の意味）にあたる場所の固有名詞として「東京，箱根」を入れています。図 3-6 がハンドブックでの表示です。

　さらにハンドブックでは，「非共起例」を示し，誤ったコロケーションに関する内容が記述されていますが，誤ったコロケーションを NLB や NLT で直接調べることはできません。共起例を見ながら，共起しないものを考えていきます。

3.5　複合動詞

　ハンドブックには「複合語」として「複合動詞」と「複合名詞」の例を列挙しています。NLB/NLT では，複合動詞は文法パターンパネルの［グループ別］の［複合動詞］の項目で調べられます。複合動詞には大きく分けて 2 種類あります。統語的複合動詞と語彙的複合動詞です。NLB/NLT では統語的複合動詞は「＋非自立動詞」，語彙的複合動詞は「＋自立動詞」と表示しています。統語的複合動詞は，「走り出す」「食べ出す」「見出す」「し出す」のように後項の動詞が文法的な意味（この場合は始動）を持っていて，比較的自由に前項動詞と接続します。語彙的複合動詞は，後項動詞も語彙的な意味を持っています。「走り出る」「走り寄る」がその例ですが，これらは意味的に合う前項動詞としか接続せず，例えば「食べ出る」「食べ寄る」のようには使えません。

　複合動詞については日本語複合動詞のオンライン辞典『複合動詞レキシコン』（http://vvlexicon.ninjal.ac.jp）も参考になります。ただし，こちらは語彙的複合動詞だけを収集していますので，統語的複合動詞を見るには NLB/NLT も欠かせません。前項動詞に「走る」が来るものを『複合動詞レキシコン』と NLT で検索してみると以下のようになります。NLB/NLT は自動で解析しているため，誤分析されているものも混入しているので注意が必要です。例えば「＋非自立動詞」つまり統語的複合動詞として挙げられている「走り出る」「走り回る」は実は語彙的複合動詞ですし，「＋自立動詞」つまり語彙的複合動詞として挙げられている「走り慣れる」「走り通す」は実は統語的複合動詞です。

第3章　『基本動詞ハンドブック』の執筆における利用

> 『複合動詞レキシコン』検索結果
> 　走り込む，走り去る，走り着く，走り出る，走り抜く，走り抜ける，走り回る，走り寄る
> NLT 検索結果
> 走り＋非自立動詞：頻度3以上から適宜選択
> 　走り続ける，走り始める，走り出す，走り終える，走り終わる，走り過ぎる，走りまくる，走り切る，走り抜く，走り出る，走り回る
> 走り＋自立動詞：頻度3以上から適宜選択
> 　走り慣れる，走り通す，走り勝つ，走り疲れる，走り降りる

　ハンドブックでは，実のところ統語的複合動詞と語彙的複合動詞の判定が難しいこともあり，あえて両者を区別せずに，また，複合動詞を網羅的に提示するのではなく，高頻度で特徴的なものに限定して以下のように示しています。

> 走り回る，走り去る，走り通す，走り込む，走り抜く，走り抜ける，走り過ぎる

　次に，「走る」が後項動詞に来る場合を見てみます。『複合動詞レキシコン』の結果は「突っ走る」の一語のみです。NLB/NLT で［グループ別］タブの［複合動詞］にある［動詞＋走る］を見ても，動詞と「走る」が並んでいるものの，一語化した適当な複合動詞の例が見つかりません。「動詞＋走る」はそれぞれ独立した動詞として分析されているようです。そこで，NLB の見出し語検索画面で，「走る $」として，後方一致検索すると，以下が見つかります（見出し語検索のしかたについては 2.1 を参照）。これらを見ると「動詞＋走る」だけでなく，「名詞＋走る」（「口走る」，「血走る」など），「接頭辞＋走る」（「突っ走る」，「ひた走る」など）もあります。

> 突っ走る，口走る，血走る，先走る，ひた走る，鞘走る，苦み走る，才走る，逃げ走る，駆け走る，群がり走る，曲がり走る，飛び走る

　このなかから　ハンドブックには高頻度のものを中心に記載してあります。「動詞＋動詞」型の「動詞＋走る」の適当な例がなく，「名詞＋走る」「接頭

辞＋走る」も広い意味での複合動詞と認めて，それを記載しています。

> 突っ走る，ひた走る，口走る，先走る，才気走る，血走る

3.6 複合名詞

　ハンドブックには複合語として複合名詞も記載してあります。「走る」の複合名詞には「走り～」と「～走り」があります。まず，「走り～」の場合です。NLB/NLT のトップの検索画面で，［名詞］タブをクリックして，前方一致の機能を使って，「^走り」と指定して検索すると，「走り書き，走り高跳び，走り幅跳び，走り使い，走り込み」が表示されますので，そのなかから「走り書き，走り高跳び，走り幅跳び」を選んで，さらに「走り読み」を加えてハンドブックに記載してあります。

　ちなみに，NLB/NLT の「走る」の項目を表示すると［グループ別］があり，その中に［▶名詞］があり，さらにそのなかの「走り＋名詞」がありますが，この方法では適当な複合名詞が見つかりません。

　次に，「～走り」の場合です。NLB/NLT の見出し語検索画面で，後方一致の機能を使って，「走り$」として，名詞で絞り込むと，（両者を合わせて）「小走り，使い走り，ひた走り，一走り，遠っ走り，いだてん走り」が収集できますので，その中から「小走り，使い走り」を選んで記載しました。

3.7 慣用表現

　LD や MI スコアを利用すると，慣用表現が探しやすくなります。特に，MI スコアは，特徴的なコロケーションである慣用表現を検出するのに有効です。ただし，2.5.3 でも述べたように，LD や MI スコアを利用しても，すべての慣用表現がうまく抽出できるわけではないので，注意が必要です。

　何を慣用表現（以下，慣用句）とみなすかは，はっきりした基準があるわけではありません。慣用句では，意味と語同士の結びつきが慣用化しています。意味の慣用化は，構成要素から意味が合成できないことを指します。例えば，「油を売る」（無駄な時間を使う）の意味は「油」と「売る」の意味からは合成できません。また，結びつきの慣用化は，意味を保持したまま他の語で置き換えられないということなので，「油を売る」（無駄な時間を使う）

の意味を部分的に保持したまま「水を売る」とは言えません。慣用句の種類を石川（2008）を参照してまとめると，表3-3のようになります。4つに分けてはいますが，それぞれが連続的です。

表3-3　慣用句の種類（石川2008を参照して作成）

真正慣用句	比喩的慣用句	制限コロケーション	自由コロケーション
油を売る むしずが走る	筆が走る 目を走らせる	山脈が走る 球が走る	人が走る 車が走る

■真正慣用句

「油を売る」は構成要素からまったく意味が分かりませんし，「油」を他の語で置き換えることもできません。これを真正慣用句と言います。

「むしずが走る」の「走る」には「速く移動する（伝わる）」の意味が少し残っていますので，この点では比喩的慣用句に近いです。ただし，「むしず」は他の語では置き換えられませんし，そこから「不快」の意味を推測することもできません。

■比喩的慣用句

構成要素から全体の意味が推測できるものを比喩的慣用句と呼びます。「筆が走る」は筆記用具が速く移動すること，その結果として，執筆が進むことを意味します。筆記用具の移動と執筆が進むことはメトニミーの関係にあります。この場合は，「走る」の意味がある程度残っています。筆記用具である「ペン」などと置き換えが可能ですが，「鉛筆」など特定の筆記用具を表すと比喩的な意味が薄れて制限コロケーションに近づきます。

「目を走らせる」は「目を速く移動させる」で，「すばやく見る」ことを意味します。これもメトニミー関係にあります。「目」の置き換えは視覚に関する語「視線」などに限られます。

■制限コロケーション

構成要素の一部がもとの意味を残しているものを制限コロケーションと呼びます。

「山脈が走る」の「山脈」は文字通りの意味を残しています。一方，「走る」

は中心義ではなく，派生義としての意味に変わっています。「山脈が」の部分が「線状のもの」を表す語で置き換えが可能です。

「球が走る」は「球＋走る＝球が速く移動する」という意味が分かります。置き換えは，「スキー，そり」などが可能です。

■**自由コロケーション**

自由コロケーションは，中心義（または中心義に近い派生義）で構成され，多くの語で置き換えができるコロケーションです。

ハンドブックでは，このうち，真正慣用句は慣用表現として採用していますが，比喩的慣用句も慣用表現として採用するかは判断に迷うところです。構成要素が他の語で置き換えができない場合には採用してもよいでしょう。「手を広げる」（事業などを拡大する），「足を延ばす」（遠出する）などがそのような例として挙げられます。以下は「むしずが走る」のハンドブックでの記述です。

> むしず（虫唾，虫酸）が走る
> 意味：たまらなく不快である。
> 用例：あいつの顔を見ただけで，むしずが走る。

3.8　まとめ

第 3 章では，ハンドブックの執筆の際に NLB/NLT の何をどのように利用したかについて述べました。ハンドブックを執筆する際に NLB/NLT がさまざまな情報を提供してくれたことが明らかになったと思います。同様のことが各種辞典の作成においても言えるでしょう。また，語彙を研究するときに，まずはその語彙の全体像を明らかにしたいと考えるかもしれません。そのような用途にも NLB/NLT が有効活用できるでしょう。当然ながら，NLB/NLT の情報ですべて事足りるわけではありません。個々の用例に当たることはもちろん，最終的には分析者の鋭い洞察力が何よりも要求されます。

＊ハンドブックの「走る」の見出しは，砂川有里子氏，高原真理氏との協同執筆です。ここに記して感謝いたします。

参考文献

石川慎一郎 (2008)「コロケーションの強度をどう測るか―ダイス係数，t スコア，相互情報量を中心として」『言語処理学会第 14 回大会』チュートリアル資料 pp. 40-50.

国立国語研究所『基本動詞ハンドブック』http://verbhandbook.ninjal.ac.jp/（2015 年 8 月 1 日参照）

国立国語研究所『複合動詞レキシコン』http://vvlexicon.ninjal.ac.jp（2015 年 8 月 1 日参照）

松村明・三省堂編修所 (1995-2008)『大辞林』（第三版，電子版）三省堂. http://www.excite.co.jp/dictionary/japanese/

Pardeshi, Prashant, Shingo Imai, Kazuyuki Kiryu, Sangmok Lee, Shiro Akasegawa and Yasunari Imamura. (2012) Compilation of Japanese Basic Verb Usage Handbook for JFL Learners: A Project Report. In *Acta Linguistica Asiatica* Volume 2, No. 2, pp. 37-64.

第4章
類義語・対義語・ゆれのある語の調査

　ここでは，類義語，対義語，ゆれのある語について，NINJAL-LWP（NLB および NLT）によるコロケーションを手がかりとした調査方法を具体例とともに解説します。

4.1　類義語

4.1.1　「ルール」と「規則」

　この2つの類義語について，最初にそれぞれの見出し語画面で比較してみます。図 4-1 は，NLT で「ルールを」または「規則を」と共起する動詞の頻度の上位 10 語を比較したものです。「ルール」では，「守る，作る，決める，定める，知る，順守する，破る」が，「規則」では，「定める，作成する，守

ルールを... 870種類					規則を... 558種類			
コロケーション	頻度	MI	LD		コロケーション	頻度	MI	LD
ルールを守る	2,812	16.67	12.24		規則を定める	446	9.03	6.42
ルールを作る	1,301	7.10	6.05		規則を作成する	386	9.47	6.82
ルールをいる	1,103	11.20	9.55		規則を守る	379	15.33	10.66
ルールを決める	1,096	8.66	7.52		規則を順守する	378	12.38	9.31
ルールを定める	705	8.14	6.99		規則をいる	303	10.88	8.07
ルールを知る	416	5.61	4.55		規則を作る	296	6.52	3.94
ルールをいく	380	7.37	6.20		規則を変更する	209	9.00	6.34
ルールを順守する	370	10.80	8.62		規則を制定する	127	10.79	7.72
ルールをおく	354	8.89	7.44		規則を適用する	113	8.61	5.90
ルールを破る	294	10.30	8.21		規則を公布する	111	12.94	8.72

図 4-1　「ルールを／規則を＋〔動詞〕」のコロケーション

る，順守する，作る，変更する，制定する」が上位に並んでいます。両者を比較すると，「規則を」のほうが，サ変動詞（〔名詞〕＋する）の多いことが分かりますが，違いはもう一つはっきりしません。

　次に，「ルール」と「規則」を2語比較機能を使って調べてみます（2語比較機能については 2.7 を参照）。左のパネルの［グループ別］タブから「ルールを／規則を」をクリックします。図 4-2 のように，フィルタ機能を使って，共起する動詞を頻度 10 以上，LD 差を±4 以上に絞り込むと，図 4-3 の結果が得られます。

図 4-2　フィルタ設定画面

第4章 類義語・対義語・ゆれのある語の調査

ルールを... 7				規則を... 6				
ルール				規則				LD差
コロケーション	頻度	MI	LD	コロケーション	頻度	MI	LD	
ルールを確立する	144	8.23	6.59					6.59
ルールを明文化する	22	10.12	5.28					5.28
ルールを決める	1096	8.66	7.52	規則を決める	38	5.36	2.75	4.77
ルールを工夫する	13	12.67	4.62					4.62
ルールを学ぶ	241	6.52	5.37	規則を学ぶ	10	3.48	0.87	4.5
ルールを構築する	34	6.02	4.43					4.43
ルールを把握する	35	5.45	4.03					4.03
				規則を交付する	13	7.43	4.38	-4.38
				規則を採択する	29	9.43	6.08	-6.08
				規則を届け出る	37	9.57	6.31	-6.31
				規則を公布する	111	12.94	8.72	-8.72

図 4-3 「ルール／規則を＋〔動詞〕」の比較

「ルールを…」と共起する動詞には，「確立する，明文化する，決める，工夫する，学ぶ」などが，「規則を…」の共起動詞には，「公布する，届け出る，採択する」などが並んでいます。このことから，「規則」は，公的・法的な用法に使われる傾向があると言えます。このように，LD差を用いることで，頻度では十分捉えきれない特徴を明らかにできる場合があります。

以下では，主にこの2語比較機能を用いて，類義語をはじめ，対義語，ゆれのある語を調査する事例を取り上げます。

4.1.2 「状態」と「状況」

『大辞林』(第三版，電子版) で見ると，「状態」は「変化する物事の，その時その時の様子」，「状況」は「時とともに変化する物事の，その時，その時のありさま，ようす」となっています。NLTで2つの名詞のコロケーションを分析して，この違いを調査してみましょう。2語比較機能を使って「状態」「状況」を選び，［グループ別］の［形容詞◀］の下にある「形容詞基本形＋状態／状況」から比べてみます。頻度を10以上，LD差を±3以上に絞り込んで，LD差の降順でソートすると，図4-4のようになります。

形容詞基本形+状態 24				形容詞基本形+状況 11				LD差
コロケーション	頻度	MI	LD	コロケーション	頻度	MI	LD	
柔らかい状態	51	6.93	5.26					5.26
温かい状態	56	6.81	5.25					5.25
軟らかい状態	35	7.48	5.2					5.2
硬い状態	46	6.37	4.87					4.87
熱い状態	41	6.14	4.67					4.67
美しい状態	85	5.6	4.56					4.56
心地良い状態	49	7.49	5.49	心地良い状況	2	3.14	1.03	4.46
見やすい状態	18	6.9	4.36					4.36
若々しい状態	12	7.74	4.06					4.06
みずみずしい状態	11	7.66	3.94					3.94
固い状態	18	5.78	3.93					3.93
軽い状態	72	5.71	4.6	軽い状況	5	2.13	0.81	3.79
気持ちよい状態	10	7.16	3.75					3.75
冷たい状態	41	6.53	4.89	冷たい状況	3	3.02	1.24	3.65
だるい状態	14	7.1	4.14	だるい状況	1	3.57	0.54	3.6
緩い状態	13	6.21	3.82	緩い状況	1	2.78	0.29	3.53
青い状態	12	5.03	3.26					3.26
美味しい状態	123	5.86	4.86	美味しい状況	13	2.89	1.66	3.2
白い状態	18	4.4	3.12					3.12
重い状態	68	5.55	4.46	重い状況	8	2.73	1.42	3.04
濃い状態	20	4.19	3.01					3.01
速い状態	17	4.51	3.17	速い状況	2	1.7	0.17	3
厳しい状態	376	7.62	6.6	厳しい状況	4781	11.56	10.31	-3.71
詳しい状態	21	3.3	2.3	詳しい状況	274	7.27	6.04	-3.74
				疑わしい状況	14	8.07	4.49	-4.49

図 4-4 〔形容詞基本形〕＋状態／状況

「状態」と共起する特徴的な形容詞としては,「柔らかい,温かい,硬い,熱い,美しい,若々しい,みずみずしい」などが挙げられます。これらは,「物」を触ったり見たりすることに関わる形容詞です。一方,「状況」を修飾する特徴的な形容詞としては,「厳しい,詳しい,疑わしい」などがあります。これらは,その「状況」が「事」である点で共通しています。「状態」も「状況」も「物」と「事」の両方を表すことができますが,一般的には,「状態」は「物」を,「状況」は「事」を表すと言ってよいでしょう。

次に〔▶助詞＋動詞〕から「状態に…」または「状況に…」と共起する動詞を調べてみます。フィルタ機能を使って,頻度を「10以上」,LD差を「±4以上」,出現位置を「すべて」で絞り込むと,図 4-5 のようになります。

第4章　類義語・対義語・ゆれのある語の調査

LD 差を「±4 以上」に設定したのは，このようにすることで，両語のコロケーションが対照的に現れてくるからです。どのような設定にするかは，試行錯誤を繰り返しながら考えます。

状態に... 19				状況に... 18				
状態				状況				LD差
コロケーション	頻度	MI	LD	コロケーション	頻度	MI	LD	
状態に保つ	1273	8.18	8.13	状況に保つ	8	1.63	1.27	6.86
状態に維持する	199	5.54	5.47					5.47
状態に戻す	2003	9.27	8.92	状況に戻す	32	4.07	3.46	5.46
状態に復元する	82	7.57	4.71					4.71
状態に戻せる	104	9.69	5.11	状況に戻せる	3	5.34	0.74	4.37
状態に戻れる	97	7.5	4.94	状況に戻れる	3	3.25	0.63	4.31
状態に戻る	2274	7.5	8.25	状況に戻る	99	3.74	3.99	4.26
状態に仕上げる	65	5.44	4.21					4.21
状態に移行する	168	6.66	5.56	状況に移行する	6	2.62	1.36	4.2
状態に遷移する	52	9.79	4.12					4.12
状態に整える	97	4.98	4.57	状況に整える	4	1.15	0.49	4.08
状態に立たす	12	5.66	1.97	状況に立たす	125	9.81	6.09	-4.12
				状況に流す	65	4.64	4.29	-4.29
				状況に立ち向かう	47	7.01	4.58	-4.58
状態に照らす	12	3.26	1.81	状況に照らす	199	8.08	6.5	-4.69
状態に遭遇する	10	3.45	1.6	状況に遭遇する	164	8.25	6.31	-4.71
状態に直面する	26	4.15	2.89	状況に直面する	459	9.06	7.66	-4.77
状態にござる	18	1.37	1.72	状況にござる	384	6.56	6.51	-4.79
				状況に出くわす	53	8.44	4.85	-4.85
状態につく	25	-0.09	1.01	状況につく	766	5.62	6.09	-5.08
状態に対処する	6	1.75	0.73	状況に対処する	176	7.39	6.21	-5.48
状態に鑑みる	4	2.78	0.33	状況に鑑みる	376	10.1	7.59	-7.26

図 4-5　状態に／状況に＋〔動詞〕

「状態」では，「保つ，維持する，戻す，復元する」が示すように，変化，即ち「事」について述べる場合でも，変化の一過程を静的に捉えています。一方，「状況」では，「対処する，出くわす，直面する，遭遇する」が表すように，動的な変化の瞬間を捉えていることが分かります（「状態／状況につく」は，「については」「つきましては」の形で使用されているので，ここでは除外します）。

状態を [19]				状況を [22]				LD差
コロケーション	頻度	MI	LD	コロケーション	頻度	MI	LD	
状態を保てる	190	9.85	6.83	状況を保てる	3	3.34	0.35	6.48
状態をキープする	220	10.39	7.06	状況をキープする	5	4.41	1.11	5.95
状態を保つ	1999	9.78	9.33	状況を保つ	41	3.65	3.44	5.89
状態を解除する	103	7.32	5.7					5.7
状態を保持する	181	8.44	6.58	状況を保持する	7	3.22	1.45	5.13
状態を復元する	37	7.38	4.45					4.45
状態を維持する	1293	9.2	8.72	状況を維持する	79	4.64	4.41	4.31
状態をさす	158	8.19	6.37	状況をさす	11	3.82	2.09	4.28
状態を検出する	35	5.92	4.18					4.18
状態を言う	3117	4.8	5.3	状況を言う	179	0.15	1.17	4.13
				状況をレビューする	36	8.57	4	-4
状態を報告する	60	4.69	4.26	状況を報告する	1176	8.46	8.27	-4.01
				状況を発表する	67	4.09	4.03	-4.03
				状況をフォローアップする	37	10.47	4.06	-4.06
				状況を掲載する	81	3.95	4.1	-4.1
				状況を一変する	40	7.23	4.1	-4.1
状態を勘案する	18	5.86	3.36	状況を勘案する	445	9.96	7.52	-4.16
状態を踏まえる	26	4.72	3.55	状況を踏まえる	657	8.85	7.83	-4.28
状態を視察する	3	4.59	0.89	状況を視察する	91	8.99	5.31	-4.42
状態を注視する	3	4.51	0.88	状況を注視する	95	8.97	5.37	-4.49
状態を鑑みる	8	4.74	2.2	状況を鑑みる	265	9.26	6.78	-4.58
				状況を概観する	66	9.08	4.87	-4.87
状態を監査する	6	6.49	1.93	状況を監査する	290	11.57	7.01	-5.08
状態を公表する	4	1.67	0.73	状況を公表する	186	6.68	5.92	-5.19
状態を取りまとめる	2	2.27	0.14	状況を取りまとめる	175	8.2	6.13	-5.99

図 4-6 状態を/状況を＋〔動詞〕

「状態を…」と「状況を…」についても，同様の傾向が見られます。先ほどと同じ条件で絞り込むと（図 4-6），「状態を…」で LD 差が優勢なものは，「保てる，キープする，保つ，解除する，保持する，復元する，維持する」のように，静的であるのに対し，「状況を…」で LD 差が優勢なものは，「取りまとめる，監査する，概観する，注視する」などで，これらは「状況」が変化する出来事であることを示しています。

以上のことから，「状態」は，物のありさまについて述べるのが一般的だと言えます。事について述べる場合もありますが，そのときは，カメラで写

したような,静的な局面を表します。一方「状況」は,出来事をビデオカメラで撮影したような,変化する事態の様子を表していると言えます。

4.1.3 「上がる」と「登る」

動詞の「上がる」と「登る」について,2語比較機能でその異同をNLTを使って探ってみましょう。「〔名詞〕+を上がる/を登る」のパターンを選択し,簡易フィルタで,頻度を「10以上」,LD差を「すべて」,出現位置を「すべて」に設定して,LD差の昇順にソートし,「登る」に特徴的なヲ格名詞を調べてみます(図4-7)。すると,「山,岩,壁」のように,努力して時間をかけて移動する場所が上位に並んでいます。

...を上がる 67				...を登る 115				LD差
上がる				登る				
コロケーション	頻度	MI	LD	コロケーション	頻度	MI	LD	
				名山を登る	35	10.77	6.24	-6.24
山を上がる	12	4.78	1.41	山を登る	883	9.01	7.52	-6.11
				岩を登る	92	7.98	6.09	-6.09
				壁を登る	182	7.68	6.08	-6.08
				蔦を登る	30	11.08	6.06	-6.06
				ルートを登る	78	7.53	5.7	-5.7
				山麓を登る	23	10.51	5.67	-5.67
岩場を上がる	1	6.37	2.14	岩場を登る	115	11.24	7.75	-5.61
				ゲレンデを登る	23	9.56	5.55	-5.55

図4-7 〔名詞〕+を登る

次に,LD差を降順で並べ替えると,今度は「上がる」に特徴的なヲ格名詞が現れます。「サイド,玄関,エレベーター,足場,エスカレーター」などが上位に並んでいます(図4-8)。

「コロケーション」に示される共起語を見ながら,両動詞の違いを見ていきましょう。「玄関」は,1段か2段程度なので,移動の距離は短く,時間を要しません。比喩的な用法でも,「学年,(人生の)ステージ,階層」のように,上のレベルに移行する場合には,「上がる」が使われます。「温度,成績,値段」などがガ格として使われる場合に,「上がる」を使い,「登る」は使われないことを考え合わせると,「登る」は,経路を移動する過程に意味の中心があり,「上がる」は,位置やレベルの変化に意味の中心があると言

...を上がる 67				...を登る 115				
	上がる				登る			LD差
コロケーション	頻度	MI	LD	コロケーション	頻度	MI	LD	
サイドを上がる	16	8.01	4.45					4.45
玄関を上がる	16	7.82	4.29					4.29
エレベーターを上がる	19	9.06	5.36	エレベーターを登る	2	3.84	1.37	3.99
料理を上がる	29	6.59	3.2					3.2
足場を上がる	10	9.09	5.11	足場を登る	3	5.38	2.33	2.78
食事を上がる	24	6.07	2.7					2.7
エスカレーターを上がる	40	12.04	7.64	エスカレーターを登る	19	9	5.22	2.42

図 4-8 〔名詞〕+を上がる

えます。また,「登る」には,自力で(努力して)移動するというイメージが強くあります。

「エスカレーターを上がってすぐ右にあります」のような,ヲ格の「エレベーター,エスカレーター」では,「上がる」のほうが「登る」より優勢になっています。これは,別の階,つまり位置の移行に注目した言い方です。エスカレーターやエレベーターの上下する空間を経路として捉えていないため,そして自力での移動でないため,「登る」が使われないと考えられます。エスカレーターを歩いて移動するような場合であれば,エスカレーターが経路として捉えられて,「登る」が使われやすくなると想像されます。コーパスのなかに,下りのエスカレーターを逆向きに駆け上がる用例がありますが,その場合は「登る」のほうが自然だと言えます。エレベーターの中を歩いて上の階に移動することはできませんので,「エレベーターを登る」とは普通は言いません。

「階段」の場合は「上がる」も「登る」も使われます。「上がる」の位置の上昇,「登る」の経路の上方移動という,双方の意味の差がなくなっているようにも見えます。しかし,「階段」の場合,1段1段の移動を見れば位置の上昇であり,すべての段を見れば経路の上方移動とみなすことができます。このため,「上がる」も「登る」も使われると考えられます。

エスカレーターは自動で移動し,経路が意識しにくく,「登る」は使いにくいのですが,「階段」は自力での移動なので,経路が意識しやすくなると考えられます。

第4章 類義語・対義語・ゆれのある語の調査

「登る」が経路を含意し，時間をかけて移動することを表すのに対し，「上がる」は上の位置・レベルへの移行を表すということが分かりましたが，この違いは，到達点を表すニ格にも現れます。簡易フィルタで，頻度を「10以上」，LD差を「すべて」，出現位置を「すべて」に設定して，LD差でソートします（図 4-9，図 4-10）。「…に上がる」では，「小学校，陸，高座，リング」などが，「…に登る」では「山，木」，そのほかに図 4-10 には見えませんが，「塔，タワー」が優勢になっています。「…に登る」は到着点を表しますが，「登る」が経路を含意します。山全体，木全体，塔全体を経路として含むことが意識されます。一方，「上がる」は経路を含意しないので「山に上がる」「木に上がる」「塔に上がる」の例は少なく，不自然です。

…に上がる 305	…に登る 216							
上がる				登る				LD差
コロケーション	頻度	MI	LD	コロケーション	頻度	MI	LD	
格段に上がる	406	11.33	8.81					8.81
陸に上がる	351	10.66	8.45	陸に登る	1	2.73	0.31	8.14
小学校に上がる	428	8.34	7.25					7.25
大幅に上がる	255	8.5	7.15					7.15
高座に上がる	89	12.5	7.04					7.04
リングに上がる	142	9.03	7.02					7.02
お迎えに上がる	97	10.47	6.99					6.99
候補に上がる	141	7.77	6.37					6.37

図 4-9 〔名詞〕+に上がる

…に上がる 305	…に登る 216							
上がる				登る				LD差
コロケーション	頻度	MI	LD	コロケーション	頻度	MI	LD	
岳に上がる	1	2.37	0.05	岳に登る	179	10.38	7.87	-7.82
				エベレストに登る	60	12.05	6.95	-6.95
木に上がる	5	1.24	0.29	木に登る	563	8.58	7.17	-6.88
山に上がる	31	3.52	2.62	山に登る	2338	10.28	8.91	-6.29

図 4-10 〔名詞〕+に登る

このほか，「上がる」は，(1)や(2)のように，平面の位置移動に使われることがあります。道路の場合，北を上と見なしており，特に京都で使われます（(2)の例は大阪）。それに対して，「登る」は平面の位置移動には使われ

ません。

(1) 35分，**右サイドを上がった**磯村からのクロス。(名古屋グランパス公式サイト［NLT］)
(2) 蒲生四丁目の交差点から**今里筋を**100mほど北に**上がった**ところにある焼肉店。(焼肉・ホルモン・韓国料理・もつ鍋大阪B級グルメ［NLT］)

4.1.4 「開く」と「開ける」

NLB/NLTでは，「開く」には「ひらく」，「開ける」には「あける」の読みを当てていますが，「開く」には「あく」，「開ける」には「ひらける」という別の読み方もあり，2つの見出し語では，これらの読みが混在しています。

この点に注意しながら，NLTを使って「開く」，「開ける」を比較してみましょう（図4-11）。まず，自動詞用法の「開く」について，LD差が優勢なガ格名詞を見ると，「毛穴，瞳孔，花，蕾，パラシュート，傘，血管」など，

...が開く 3136				...が開ける 1307				LD差
開く				開ける				
コロケーション	頻度	MI	LD	コロケーション	頻度	MI	LD	
毛穴が開く	287	10.2	7.66					7.66
ダイアログが開く	251	10.1	7.48					7.48
骨盤が開く	202	8.87	6.99					6.99
会合が開く	263	8.81	7.25	会合が開ける	1	2.93	0.35	6.9
瞳孔が開く	144	11.5	6.84					6.84
公判が開く	134	9.92	6.65					6.65
差が開く	454	6.82	6.58					6.58
総会が開く	187	7.56	6.49					6.49
会議が開く	930	7.82	7.59	会議が開ける	9	3.28	1.22	6.37
会が開く	1883	6.35	6.46	会が開ける	22	2.09	0.1	6.36
花が開く	470	6.47	6.33					6.33
ボックスが開く	143	7.77	6.33					6.33
隙間が開く	161	8.07	6.54	隙間が開ける	1	2.89	0.33	6.21
弁論が開く	89	9.88	6.11					6.11
ウインドーが開く	1016	10.78	9.21	ウインドーが開ける	7	5.76	3.17	6.04
蕾が開く	82	8.88	5.91					5.91

図 4-11 〔名詞〕が開く（ひらく）

第4章 類義語・対義語・ゆれのある語の調査

小さくなっているものが（円状に）大きく広がるという共通点が見られます。これらの読み方は「ひらく」だと考えてよいでしょう（「会合／公判が開く」などは，「会合／公判が開かれる」というレル形で使われているので除外します）。

次に，他動詞用法の「…を開く」を見てみましょう（図 4-12）。ヲ格名詞で優勢なのは，「会議，会，総会，会見，集会，会合，大会，個展」など，「開催する」という意味のもので，読み方は「ひらく」です。このほかに，「両足，両腕」のような，対になる身体語も見られます。コンピューターで用いられる「画面，プロパティ，ダイアログ，メニュー，タブ，ブラウザー」も「…を開く」が優勢です。これらも，小さく閉じたものが広がるイメージをもっています。

一方，「…を開ける」で優勢なのは，「玄関，鍵，引き戸，缶，金庫，冷蔵庫，ふた，幕」など，中身を遮蔽している物です。読み方は「あける」でしょう。「玄関」，「鍵」で開けられる対象は，メトニミーによってドアや戸などの遮蔽物を指しています。「缶，金庫，ふた」など，中身を守って固く閉じ

…を開く 2964				…を開ける 1240				LD差
開く				開ける				
コロケーション	頻度	MI	LD	コロケーション	頻度	MI	LD	
会議を開く	1824	8.16	8.38	会議を開ける	8	1.22	0.79	7.59
会を開く	4592	7	7.7	会を開ける	23	0.25	0.12	7.58
総会を開く	435	8.14	7.31					7.31
幕府を開く	350	8.65	7.21					7.21
会見を開く	472	9.3	7.68	会見を開ける	2	2.31	0.48	7.2
未来を開く	474	6.98	6.89					6.89
集会を開く	505	9.06	7.71	集会を開ける	3	2.55	0.95	6.76
両足を開く	212	9.52	6.7					6.7
会合を開く	598	9.36	7.97	会合を開ける	4	3.03	1.39	6.58
議事を開く	173	7.98	6.25					6.25
ダイアログを開く	158	8.79	6.25					6.25
ゼミナールを開く	238	6.7	6.23					6.23
大会を開く	375	6.8	6.64	大会を開ける	4	1.14	0.46	6.18
個展を開く	256	10.96	7.04	個展を開ける	2	4.85	0.88	6.16
塾を開く	217	6.66	6.14					6.14
メニューを開く	350	6.86	6.61	メニューを開ける	4	1.3	0.56	6.05
胸襟を開く	122	13.95	6.02					6.02

図 4-12 〔名詞〕＋を開く（ひらく）

ている物を開けるには，力や努力が要ります。「穴」も「開く」より「開ける」が優勢で，これも力や努力が要ります。「開ける」は力や努力を示唆すると言えるでしょう。

「開く」と「開ける」で，同じヲ格を取りながら意味が異なる場合もあり

図 4-13　店を開く／開ける

ます。「店を開く」は開業すること,「店を開ける」は,力を込めてシャッターを開けるように,その日の営業を開始することを意味します。このような意味の違いは,用例パネルで直接用例を見ながら確認します(図 4-13)。実際の用例を見ると,「店を開ける」は,「店を開業できる」という意味でも使われていることが分かりますが,この場合は,「開ける」は「あける」ではなく「ひらける」だと思われます。

4.1.5 「寝る」と「眠る」

「寝る」と「眠る」を比べてみましょう。まず,NLT を用いて,「寝る」と「眠る」のそれぞれの見出し語画面で,ガ格名詞を比較してみましょう(図4-14)。「…が寝る」と高頻度で共起する語を見ると,「子ども,私,赤ちゃん,犬」など,人や動物がほとんどです。一方,「…が眠る」では,「資源,力,お宝,能力」など,人・動物以外のものとも共起していることが分かります。

...が寝る 714種類			
コロケーション	頻度	MI	LD
子供が寝る	335	7.19	4.01
人が寝る	224	4.38	1.21
私が寝る	195	4.92	1.75
赤ちゃんが寝る	129	9.29	6.03
【人名】が寝る	120	2.41	-0.76
自分が寝る	103	4.48	1.30
たちが寝る	93	4.90	1.73
さんが寝る	83	4.38	1.20
【一般】が寝る	78	2.04	-1.13
娘が寝る	60	7.38	4.16
皆が寝る	60	6.23	3.04
あなたが寝る	44	4.95	1.77

...が眠る 834種類			
コロケーション	頻度	MI	LD
【人名】が眠る	146	3.18	-0.47
人が眠る	86	3.49	-0.17
【一般】が眠る	79	2.55	-1.11
たちが眠る	77	5.12	1.46
資源が眠る	56	8.39	4.68
赤ちゃんが眠る	56	8.57	4.85
私が眠る	42	3.19	-0.47
子供が眠る	41	4.65	0.98
さんが眠る	35	3.62	-0.04
ものが眠る	32	2.40	-1.26
自分が眠る	30	3.18	-0.48
力が眠る	25	3.98	0.32

図 4-14 〔名詞〕+が寝る/が眠る

次に,2語比較機能を用いて,「寝る」と「眠る」を比較してみます。頻度10以上で,「眠る」に優勢なガ格名詞を調べると(図4-15),「お宝,財宝,遺骨,遺構,宝物,資源,遺跡,先祖,才能,チャンス,魂」などが見つかります。このことから,「眠る」は「目につかないところにある」という意味,さらに「貴重な,価値のある」という比喩的な意味に特徴があることが分か

ります。

	寝る				眠る			LD差
コロケーション	頻度	MI	LD	コロケーション	頻度	MI	LD	
				お宝が眠る	20	12.37	7.25	-7.25
				財宝が眠る	12	11.66	6.52	-6.52
				遺骨が眠る	14	10.51	6.1	-6.1
				遺構が眠る	10	9.98	5.58	-5.58
				宝物が眠る	10	9.36	5.18	-5.18
				資源が眠る	56	8.39	4.68	-4.68
				遺跡が眠る	17	8.42	4.58	-4.58
				先祖が眠る	11	8.48	4.54	-4.54
				才能が眠る	13	8.24	4.38	-4.38
				チャンスが眠る	17	7.49	3.73	-3.73
魂が寝る	4	3.96	0.71	魂が眠る	24	7.03	3.32	-2.61

図 4-15 〔名詞〕が眠る

なお，睡眠の意味では，「ベッドで眠る」は言えますが，「ベッドに眠る」は不自然です。一方，睡眠の意味ではなく，「貴重なものが目につかないところにある」という存在の場所を表す場合には，「…に眠る」という言い方が自然です。

(3) アステカの都テノチティトランは現在のメキシコシティーの地下に眠っている。(不思議館〜古代の不思議〜〔NLT〕)

4.1.6 「走る」と「駆ける」

「走る」と「駆ける」を比べます。NLT で見ると，「駆ける」の約 2300 例に対して，「走る」は約 12 万 9000 例見つかります。まず，両者の使用頻度に非常に大きな差があることが分かります。2 つの動詞のヲ格名詞について，頻度を「10 以上」，LD 差を「すべて」，出現位置を「すべて」という条件にして比較すると，「走る」の共起語は経路が多くなっています。「車道，公道，〜号線，道路」などの，「道」を表す語が上位に並びます。それに対して，「駆ける」では「大空，戦場，天，野山，野」などが上位に並びます。このうち，「戦場，野山，野」は「走る」とも共起していますが，「大空，天」は「走る」とは共起しないことから，これらは「駆ける」に特徴的な共起語と

言うことができます。「馬が野を駆ける」の意味から，「天馬が大空／天を駆ける」という比喩的な意味が生まれたものと思われます。

また，ガ格名詞を見ると，「走る」で頻度が高いのは，「車，電車，バス」などの乗り物のほか，「痛み，激痛，衝撃，緊張」などで，比喩的に使用されている例が数多く見られます。一方，「駆ける」にはそのような意味拡張はありません。高頻度で使われる「走る」は意味の拡張が広範囲に及びますが，低頻度の「駆ける」の意味・用法は狭く，限定的です。

4.2 対義語

4.2.1 頻度と有標／無標

ここでは対義関係にある形容詞について見ていきます。比較的頻度が高い形容詞の対について，NLBでの総頻度を示すと表4-1のようになります。「厚い／濃い」と「薄い」や，「高い」と「低い／安い」のように1対多で対になっているものは除いています。また，「熱い，暑い，寒い，冷たい，涼しい」など温度についての形容詞はどれとどれを対と考えるべきか難しいので，これも除いています。

表4-1 対義語になる形容詞の頻度（NLB）

多い	64,010	少ない	18,027
大きい	35,135	小さい	13,155
強い	27,036	弱い	5,342
長い	22,375	短い	6,521
新しい	21,413	古い	7,862
深い	13,779	浅い	1,677
近い	13,727	遠い	6,421
広い	10,769	狭い	4,771
重い	9,266	軽い	7,970
明るい	6,541	暗い	5,695
細い	3,457	太い	2,739

対になった形容詞を無標・有標として分けることができます。無標は「一般的・普通」，有標は「特殊」ということですが，形容詞の場合，「～さ」をつけて一般的な意味を表すかどうかで判断できます。例えば「大きさ」が何センチと言う場合，たとえ小さいものでもそのサイズについてニュートラルに言い表すことができます。一方，「小ささ」と言えば，それはあくまでも小さいものについてしか言えません。どれだけ小さいかを問題にしているときです。ただし，この方法で区別がつかない対もあり，「～さ」を付けてもニュートラルな意味を表すことがありません。表に挙げた形容詞のうち，「多い／少ない」「新しい／古い」，「近い／遠い」は無標・有標の対になっていません。表4-1では，対になる形容詞の頻度が高いものを左に，頻度が低いものを右にしました。すると，大体左に無標，右に有標の形容詞が並びます。対になる形容詞においては，一般に，無標のほうが頻度が高くなる傾向があると言えます。しかし，「細い／太い」については，「太い」のほうがニュートラルな意味の「太さ」となるので無標ですが，「細い」の方が頻度が高くなっています。

4.2.2 「近い」と「遠い」

「近い」と「遠い」をNLTの2語比較機能で調べてみましょう。図4-16は，[パターン頻度順] タブで，パターンの割合の差が±5％以上のものを表示しています。

近い			遠い		
パターン	頻度	比率	パターン	頻度	比率
近い＋名詞	74,851	51.2%	遠い＋名詞	15,394	28.5%
…に近い	41,162	28.2%	…に遠い	1,051	1.9%
近く＋動詞	26,468	18.1%	遠く＋動詞	13,824	25.6%
副詞＋近い	10,067	6.9%	副詞＋遠い	8,882	16.5%
(未分類)	7,644	5.2%	(未分類)	6,743	12.5%
…から近い	4,079	2.8%	…から遠い	5,336	9.9%

図4-16 「近い」と「遠い」のパターンの特徴

第4章 類義語・対義語・ゆれのある語の調査

「近い」の場合はニ格と共起しやすいということがうかがえます。しかし，その中身を見て，特に具体名詞との共起頻度を調べると，「近い」には，ニ格よりもカラ格と共起するほうが多い名詞（「駅，家，自宅」など）もあることが分かります（表 4-2）。

表 4-2 「…に近い」と「…から近い」の共起語頻度（NLT）

駅に近い	390	駅から近い	622
家に近い	141	家から近い	425
自宅に近い	141	自宅から近い	282
空港に近い	62	空港から近い	34
海に近い	464	海から近い	25
現場に近い	335	現場から近い	9
国境に近い	245	国境から近い	3
都心に近い	195	都心から近い	54
入り口に近い	175	入り口から近い	15

一方，「遠い」では，一貫してカラ格のほうが多く使われます（表 4-3）。空間的な距離を表す「…に遠い」はことわざ「東に近ければ西に遠し」のように文語では使われていたようですが，現代語では不自然と言っていいでしょう。

表 4-3 「…に遠い」「…から遠い」の共起語の頻度（NLT）

駅に遠い	5	駅から遠い	338
家に遠い	3	家から遠い	224
自宅に遠い	0	自宅から遠い	175
海に遠い	1	海から遠い	74
現場に遠い	0	現場から遠い	43

次に，「…に近い／遠い」をコロケーションパネルに表示して，「近い」のコロケーションの頻度順にソートすると，「海に近い，駅に近い，現場に近

い」のような空間的な近さを表すもののほかに,「不可能に近い,状態に近い,理想に近い,人間に近い,奇跡に近い」などが上位に来ます(図4-17)。このような空間的な距離を表さない場合は,カラ格での置き換えができません。時間的な「終わりに近い」「限界に近い」も,カラ格で置き換えられません。

...に近い 3145				...に遠い 306				
近い				遠い				LD差
コロケーション	頻度	MI	LD	コロケーション	頻度	MI	LD	
不可能に近い	1303	9.99	9.12					9.12
的に近い	890	2.91	3.13	的に遠い	104	5.1	0.05	3.08
ゼロに近い	831	7.95	7.67					7.67
海に近い	464	6.62	6.47					6.47
状態に近い	451	4.91	5.02					5.02
駅に近い	390	6.33	6.19	駅に遠い	5	5.34	0.28	5.91
理想に近い	372	7.56	6.99	理想に遠い	2	5.31	0.24	6.75
現場に近い	335	6.32	6.13					6.13
人間に近い	261	4.05	4.16					4.16
黒に近い	253	7.06	6.47					6.47
国境に近い	245	8.91	7.18					7.18
限界に近い	239	7.39	6.61					6.61
奇跡に近い	231	8.73	7.07					7.07

図4-17 「…に近い」のコロケーション

「近い」は,物理的な距離でない場合は,ニ格と共起しますが,カラ格とは共起しないと言えます。先に見た通り,「遠い」は物理的な距離の場合,ニ格は使いにくいのですが,「は」を伴って「…には遠い」の形で変化の結果や到達点を表現する例は多く見られます。

(4) バブル崩壊以降15年たちますが,日本企業はまだ**本格的回復には遠い**という気がします。(RIETI―機関投資家からみた日本のコーポレート・ガバナンス[NLT])
(5) 実践で使う**レベルには**はるかに**遠い**ですが,本を読んで継続的に勉強していきたいと思います。(参加者アンケート―本質的課題解決〜SSMとロジカル・シンキング[NLT])

4.3 ゆれのある語

4.3.1 「大きい」と「大きな」

「大きい」と「大きな」，それから次に見る「小さい」と「小さな」にはすでに先行研究がたくさんありますが（三枝 (1996)，柴田 (1982)，飛田・浅田 (1991)，丹保 (2011)，森田 (1989)，劉 (2013) など），ここでは，コロケーションの調査からどの程度のことが見えるかを探っていきます。図4-18 は，NLB で「大きい」と「大きな」の 2 語を比較して，「大きい」のコロケーションの頻度順に並べたものです。頻度が 50 以上の共起語を示しています。

大きい+名詞 1157				大きな+名詞 4231				LD差
大きい				大きな				
コロケーション	頻度	MI	LD	コロケーション	頻度	MI	LD	
大きいの	630	4.44	4.9	大きなの	37	-2.25	0.76	4.14
大きいもの	411	5.36	5.81	大きなもの	559	3.21	6.12	-0.31
大きいこと	381	3.68	4.14	大きなこと	93	-0.96	2.06	2.08
大きいほう	183	5.42	5.83	大きなほう	9	-1.53	1.19	4.64
大きいため	145	4.57	5					5
大きいん	101	3.54	3.98					3.98
大きい場合	88	4.49	4.89	大きな場合	6	-1.99	0.71	4.18
大きいよう	80	2.48	2.94					2.94
大きいサイズ	59	7.99	7.58	大きなサイズ	36	4.68	5.14	2.44
大きい人	55	2.07	2.53	大きな人	39	-1.02	1.93	0.6
大きいところ	52	4.04	4.43	大きなところ	21	0.13	2.75	1.68
大きいわけ	51	4.16	4.54					4.54
大きい声	50	5.19	5.48	大きな声	820	6.63	8.8	-3.32

図 4-18 大きい+名詞（頻度順）

「大きい」は，準体助詞「の」，いわゆる形式名詞「もの」「こと」「ほう」「ため」「ところ」「わけ」や「場合」と高頻度で共起することが分かります。「場合」は形式名詞ではありませんが，形式名詞と同様，実質語としての意味が希薄化しています。以下では，準体助詞「の」も形式名詞としてまとめて扱います。また，「の」には「のだ」の用例も含まれます。「ん」は「んだ」です。文末で「～大きいのだ」「～大きいんだ」になる場合には，「大きい」しか使えません。助動詞の「よう（だ）」と共起している場合も同様に「大

きいようだ」しか使えません。頻度が50未満の共起語をさらに見てみると，形式名詞「はず，まま，とき」が「大きい」と共起していることが分かります。

このように，「大きい」は形式名詞と共起しやすいですが，形式名詞のうち，「もの」「こと」「ところ」は「大きな」とも共起しています。特に，「もの」は「大きな」との共起がやや優勢です。「もの」には，以下の例のように，ひらがなで「もの」と表記されている実質名詞が含まれています。

(6) そこにある大きい／大きなものは何ですか。

「物」という実質名詞としての意味が感じられる例もあることから，「大きな」と共起しやすいと考えられます。

次に，「大きな」のコロケーションを調べてみましょう。図4-19は，先ほどの図4-18を「大きな」のコロケーションの頻度順に並べ替えたものです。「大きな」と共起する高頻度語には，「影響，問題，声，もの，役割，変化，違い，課題，音，力，差，意味」などがあります。このうち，「もの」は，先に見たように「大きい」ともよく共起します。

さらに，頻度を「10以上」，LD差を「±2以上」，出現位置を「すべて」

大きい+名詞 1157				大きな+名詞 4231				
コロケーション	頻度	MI	LD	コロケーション	頻度	MI	LD	LD差
大きい影響	15	4.55	4.64	大きな影響	1091	8.13	9.69	-5.05
大きい問題	19	2.72	3.1	大きな問題	903	5.69	8.27	-5.17
大きい声	50	5.19	5.48	大きな声	820	6.63	8.8	-3.32
大きいもの	411	5.36	5.81	大きなもの	559	3.21	6.12	-0.31
大きい役割	3	2.99	2.86	大きな役割	466	7.67	8.69	-5.83
大きい変化	5	3.12	3.17	大きな変化	462	7.05	8.51	-5.34
大きい違い	3	2.18	2.28	大きな違い	369	6.52	8.11	-5.83
大きい課題	12	5.14	4.96	大きな課題	324	7.29	8.2	-3.24
大きい音	15	4.2	4.37	大きな音	285	5.85	7.63	-3.26
大きい力	8	2.06	2.4	大きな力	260	4.48	6.86	-4.46
大きい差	5	3.84	3.67	大きな差	249	6.88	7.81	-4.14
大きい意味	7	2.36	2.64	大きな意味	244	4.88	7.05	-4.41
大きい要因	2	3.17	2.73	大きな要因	235	7.44	7.85	-5.12
大きい特徴	1	1.53	1.36	大きな特徴	219	6.71	7.63	-6.27
				大きな被害	203	6.17	7.41	-7.41

図4-19　大きな+〔名詞〕（頻度順）

第4章 類義語・対義語・ゆれのある語の調査

として，LD 差を昇順に並べ替えて，「大きな」で優勢な共起語を見ると，「被害，成果，効果，メリット，特徴，原因，反響，魅力」のような抽象名詞が目立ちます（図4-20）。「柱，打撃」では，用例を確認すると，それぞれ「中心」「被害」という比喩的な意味での使用が多いことが分かります。このことから，「大きな」は，抽象名詞と共起しやすいと言えます（ただ一つ特殊なのは，「順」で，「大きな」との共起は不自然です）。しかし，具体名詞との共起を調べてみると，ほとんどの具体名詞でも，「大きい」との共起よりも「大きな」との共起が多くなっていることが分かります。ここで注意すべきことは，「大きい＋〔名詞〕」が約4600例であるのに対して，「大きな＋〔名詞〕」は6倍以上の約28000例もあり，そもそも共起数に大きな開きがあることです。また，共起する名詞の種類（タイプ）を見ても，「大きい」が約1150種類に対し，「大きな」が約4200種類ですから，「大きな」の共起語のほうが，頻度の上でも，種類の上でも上回っています。このことが，抽象名詞であれ，具体名詞であれ，「大きな」が「大きい」を上回る大きな要因となっている点を考慮する必要があります。

大きい+名詞 151				大きな+名詞 318				
大きい				大きな				LD差
コロケーション	頻度	MI	LD	コロケーション	頻度	MI	LD	
				大きな被害	203	6.17	7.41	-7.41
				大きな成果	135	6.81	7.08	-7.08
				大きな柱	92	6.78	6.59	-6.59
				大きな効果	123	4.72	6.45	-6.45
				大きな打撃	77	8.21	6.44	-6.44
				大きなメリット	73	7.11	6.31	-6.31
大きい特徴	1	1.53	1.36	大きな特徴	219	6.71	7.63	-6.27
大きい原因	1	0.92	0.94	大きな原因	177	5.79	7.16	-6.22
				大きな反響	60	9.25	6.11	-6.11
				大きな魅力	67	5.55	6.03	-6.03

図 4-20　大きな＋〔名詞〕（LD 差）

以上をまとめると，「大きい」は，形式名詞と共起しやすいと言えます。また，「大きな」は，抽象名詞とも具体名詞とも広く共起しますが，きわめて高頻度で結びつく抽象名詞があることが分かります。

4.3.2 「小さい」と「小さな」

「小さい」と「小さな」についても，「大きい」と「大きな」と同様の傾向が見られるか調べてみましょう。NLBの2語比較機能を使って，「小さい」のコロケーションの頻度50以上を頻度順で並べると，「大きい」の場合と同様，「頃（ころ），とき，の，もの，ころ，こと，ほう，うち，ため」のような形式名詞が上位に現れます（図4-21）。また，形式名詞に近い性質をもつ「場合」も，比較的高頻度で使用されています。このうち，「小さな」と頻度に大差がないものは，「もの，こと」です。これらについては，前節で，「大きい」と「大きな」の両方と共起していることを確認しました。

コロケーション	小さい 頻度	MI	LD	コロケーション	小さな 頻度	MI	LD	LD差
小さい頃	445	9.03	9.25	小さな頃	41	4.34	5.45	3.8
小さいとき	366	5.84	6.34	小さなとき	14	-0.11	1.57	4.77
小さいの	243	2.99	3.53					3.53
小さいもの	214	4.35	4.87	小さなもの	179	2.85	4.57	0.3
小さいころ	205	8.7	8.72	小さなころ	10	3.1	3.86	4.86
小さい子供	181	6.18	6.6	小さな子供	287	5.59	7.12	-0.52
小さい子	163	6.91	7.24	小さな子	50	3.95	5.28	1.96
小さいこと	150	2.26	2.8	小さなこと	156	1.07	2.84	-0.04
小さいほう	133	4.89	5.36	小さなほう	9	-0.24	1.39	3.97
小さいうち	98	6.28	6.59	小さなうち	4	0.42	1.72	4.87
小さいため	85	3.73	4.22					4.22
小さい場合	58	3.82	4.29					4.29
小さい声	58	5.34	5.68	小さな声	321	6.56	7.91	-2.23

図 4-21 小さい＋〔名詞〕（頻度順）

次に，「小さな」のコロケーションを見てみましょう。図4-22は，「小さい」と「小さな」のコロケーションを，「小さな」の頻度50以上のコロケーションの頻度順に並べたものです。「小さな」の頻度が「小さい」の頻度を大きく上回っている共起語は，「声，町，穴，村，部屋，窓，テーブル」などで，いずれも具体名詞です。「大きな」では，高頻度で抽象名詞と共起するという特徴が見られましたが，「小さな」ではそのような傾向は見られません。しかし，抽象名詞の頻度が低いのは，「小さい」と「小さな」では，共起する抽象名詞がもともと少ないのが原因です。「大きな影響」の約1100例に対して，「小さな影響」はわずか1例，「大きな問題」の約900例に対し，

第4章 類義語・対義語・ゆれのある語の調査

「小さな問題」は 18 例しかありません。それでも，頻度が 20 以上で共起する抽象名詞を見てみると，「小さな」との共起が優勢です。「変化」（小さな：23，小さい：0），「成功」（小さな：22，小さい：1），「夢」（小さな：21，小さい：1），「幸せ」（小さな：20，小さい：1）が挙げられます。全体的に頻度は低いものの，抽象名詞は，「小さい」よりも「小さな」と結びつきやすいと言えます。

小さい+名詞 1101				小さな+名詞 3081				LD差
コロケーション	頻度	MI	LD	コロケーション	頻度	MI	LD	
小さい声	58	5.34	5.68	小さな声	321	6.56	7.91	-2.23
小さい子供	181	6.18	6.6	小さな子供	287	5.59	7.12	-0.52
小さい町	10	3.07	3.37	小さな町	212	6.22	7.5	-4.13
小さいもの	214	4.35	4.87	小さなもの	179	2.85	4.57	0.3
小さいこと	150	2.26	2.8	小さなこと	156	1.07	2.84	-0.04
小さい花	22	4.69	4.91	小さな花	131	6.02	7.13	-2.22
小さい穴	16	5.74	5.5	小さな穴	120	7.4	7.75	-2.25
小さい村	8	3.57	3.72	小さな村	110	6.11	7.08	-3.36
小さい家	12	1.95	2.4	小さな家	108	3.87	5.44	-3.04
小さい店	11	3.18	3.48	小さな店	102	5.14	6.43	-2.95
小さい部屋	8	3.2	3.42	小さな部屋	93	5.49	6.61	-3.19
小さい島	13	5.2	5.05	小さな島	86	6.67	7.18	-2.13
小さい手	9	2.02	2.43	小さな手	83	3.98	5.47	-3.04
小さい会社	21	3.83	4.18	小さな会社	63	4.17	5.53	-1.35
小さい政府	6	2.53	2.8	小さな政府	59	4.58	5.79	-2.99
小さい窓	5	3.82	3.68	小さな窓	59	6.14	6.63	-2.95
小さい音	14	4.04	4.25	小さな音	57	4.81	5.93	-1.68
小さい女の子	24	6.45	6.16	小さな女の子	54	6.37	6.64	-0.48
小さいテーブル	4	4.06	3.68	小さなテーブル	51	6.48	6.63	-2.95
小さい子	163	6.91	7.24	小さな子	50	3.95	5.28	1.96

図 4-22　小さな+〔名詞〕（頻度順）

また，全体の使用頻度について，「大きい」と「大きな」で見られた傾向が，「小さい」と「小さな」でも見られます。NLB では，「小さい」が約 4850 例に対して，「小さな」は 11500 例あります。ただし，頻度については，書き言葉か話し言葉かによって変わってくる可能性があります。劉（2013）は，話し言葉では，「大きい・小さい」が「大きな・小さな」よりも多く使われると指摘しています。

以上，ゆれのある 4 語の調査をまとめると，以下のようになります。

- 「大きい」「小さい」よりも「大きな」「小さな」のほうが多く使われる。
- 抽象名詞は「大きい」よりも「大きな」,「小さい」よりも「小さな」と共起しやすい。
- 「大きい」「小さい」は形式名詞と共起しやすい。

ただし,「大きい」「小さい」が形式名詞と共起しやすいということについては注意が必要です。実は「大きい」「小さい」に限らず,他の形容詞でも形式名詞と共起しやすいという現象は見られます。例えば「多い＋〔名詞〕」を頻度順に並べると,形式名詞との共起が多くなっています（図4-23）。また,「走った＋〔名詞〕」のような動詞が名詞を修飾する形でも同様の現象が観察されます（図4-24）。このことから,「大きい」「小さい」が形式名詞と共起しやすいというよりも,「大きな」「小さな」が「もの,こと,ところ」を除く形式名詞と共起しにくいと言うほうが正確です。

多い＋名詞　1457種類			
コロケーション	頻度	MI	LD
多いの	3,279	5.41	7.27
多いよう	1,239	5.03	6.86
多いこと	961	3.60	5.46
多いん	750	5.02	6.82
多いため	359	4.47	6.23
多いもの	355	3.74	5.55
多いわけ	254	5.07	6.71
多い【地域】	201	0.94	2.81
多いところ	191	4.51	6.17
多いとき	166	3.36	5.13
多いほう	161	3.82	5.54
多いはず	147	5.79	7.07
多いみたい	137	5.70	6.97
多い人	134	1.95	3.78
多いそう	127	4.40	5.98
多い場合	117	3.49	5.19
多いなか	109	3.24	4.96
多い【数字】	88	-1.59	0.29
多い地域	88	4.37	5.85

図4-23　多い＋〔名詞〕

走った＋名詞　116種類			
コロケーション	頻度	MI	LD
走ったの	77	4.80	1.88
走ったこと	48	4.08	1.16
走ったところ	32	6.73	3.81
走ったのち	22	7.35	4.41
走ったとき	18	4.96	2.04
走ったん	15	4.18	1.26
走ったよう	12	3.14	0.22
走ったもの	11	3.53	0.61
走った後	10	5.15	2.22
走ったほう	10	4.62	1.69
走った【人名】	10	0.95	-1.97
走った【数字】	7	-0.44	-3.36
走った場合	7	4.23	1.31
走ったせい	6	7.84	4.83
走った結果	6	5.72	2.78
走った距離	6	7.83	4.82
走った【地域】	5	0.42	-2.50
走った【一般】	5	0.83	-2.09
走ったそう	4	4.21	1.28

図4-24　走った＋〔名詞〕

4.4 まとめ

　コロケーションをもとに，類義語，対義語，ゆれのある語を比較調査する例を見てきました。頻度のほかに，2 語比較機能にある LD 差に注目して，それぞれの語がもつ特徴を明らかにする手法を紹介しました。もちろん，コロケーションの情報だけで，それぞれの語の全体像を捉えることには限界がありますが，語の振る舞いや特徴を調査する際に，NINJAL-LWP が強力なツールの一つになるということは示せたのではないかと思います。

参考文献

三枝令子（1996）「『小さな旅』と『小さい旅』」言語文化 33, pp. 97-108. http://hermes-ir.lib.hit-u.ac.jp/rs/bitstream/10086/8894/1/gengo0003300970.pdf（2015 年 8 月 1 日参照）

柴田武（1982）「チイサイ・チイサナ，オオキイ・オオキナ」國廣哲彌他編『ことばの意味 3—辞書に書いてないこと』pp. 138-145, 平凡社.

丹保健一（2011）「名詞を修飾する「小さい」「小さな」について」三重大学教育学部研究紀要，自然科学・人文科学・社会科学・教育科学 62, pp. 49-60.

飛田良文・浅田秀子（1991）『現代形容詞用法辞典』東京堂出版.

森田良行（1989）『基礎日本語辞典』角川書店.

劉善鈺（2013）「コーパスに基づく日本語の文法形式の使用傾向の記述：『大きい・な』『小さい・な』の使い分けについて」『ことばの科学』26, pp. 95-110. http://ir.nul.nagoya-u.ac.jp/jspui/bitstream/2237/19119/1/1306.pdf（2015 年 8 月 1 日参照）

＜研究編＞
コーパスに基づく言語研究

　言語学の研究方法は，研究者の内省による言語データに基づく方法と，数多くの母語話者が使用した言語データに基づく方法の2つに大別されます。それぞれの方法には一長一短があります。研究者の内省に基づく言語研究では，特定の表現について，実際に使うかどうかという点は別として，その表現が可能なのか不可能なのかを明らかにできるという利点がありますが，その表現が頻繁に使用されるのか，あるいはあまり使用されないのかを客観的に示す手立てはありません。一方，数多くの母語話者の言語使用実態に基づく研究では，どのような表現が言えないのかを知ることはできませんが，頻繁に使われる表現，あるいはまれにしか使われない表現を**使用頻度**という客観的な物差しで測ることが可能です。この2つのアプローチは相互補完的な性格を持ち，言語研究を進化させるためにはこの両方のアプローチが必要です。

　生成文法の枠組みで行われる研究や機能言語学のアプローチによる研究では，ごく最近まで研究者の内省に基づく研究が一般的でした。近年，英語，日本語をはじめとする世界の主要な言語で大規模コーパスが整備されるに伴って，コミュニケーションを目的として実際に使用された言語データに基づいた研究が増えてきています。なかでも，Bybee の一連の研究（Bybee 1985, 2002, 2006, 2007, 2010 など）は，言語形式の使用頻度が言語そのものに影響を与えていると主張しています。例えば，英語動詞の過去形の規則性・不規則性について，Bybee (1985: 119-120) は，トークン頻度がその鍵を握っており，トークン頻度の高い動詞は不規則活用がそのまま残る一方，トークン頻度が低い動詞は，-ed に置き換わると主張しています。Bybee が提唱している用法基盤モデル（Usage-Based Model）では，言語使用の面から諸言語現象を記

述し説明するため，そのような研究を可能にするコーパスに基づく言語研究が増えています。

　この研究編では，用法基盤モデルを援用した言語使用実態に基づく事例研究として，基本動詞「置く」の本動詞用法から補助動詞用法「V1 ておく・V1 とく」への文法化に関する研究（第5章）と，日本語に豊富にある語彙的自他動詞対における形式的な有標・無標さの予測（第6章）を順に紹介します。

参考文献

Bybee, Joan L. (1985) Morphology: A study of the relation between meaning and form. *Typological Studies in Language* 9. Amsterdam: John Benjamins.

Bybee, Joan L. (2002) Word frequency and context of use in the lexical diffusion of phonetically conditioned sound change. *Language Variation and Change* 14: 261–290.

Bybee, Joan L. (2006) From usage to grammar: the mind's response to repetition. *Language* 82 (4): 711–733.

Bybee, Joan L. (2007) *Frequency of use and the organization of language*. Oxford: Oxford University Press.

Bybee, Joan L. (2010) *Language, usage and cognition*. Cambridge: Cambridge University Press.

第5章
基本動詞「置く」の本動詞用法から補助動詞用法への文法化

5.1　はじめに

　日本語の基本動詞「置く」には,「動作主があるトコロにモノを設置する」という基本義があります。(1)はモノ（カップ）をあるトコロ（机の上）に設置するという,基本義を表した典型的な例です（以下の例はすべてNLBで調べたBCCWJの用例）。

(1)　彼はカップを机の上に**置いた**。（シドニィ・シェルダン著；天馬竜行訳『神の吹かす風』）

ときに例外的にヒトをモノとして扱い,例(2)のように,ヒト（子ども）をあるトコロ（床面）に据える場合もあります。

(2)　子どもを床面に**置く**とお坐りする。（小黒三郎著『世界の昔ばなし』）

「置く」には,「V1ておく」,「V1とく」のような補助動詞用法があり,基本義と異なる意味を持ちます。

(3)　本題に入る前に,まずそれを考え**ておく**必要がある。（ジョン・ダニング著,宮脇孝雄訳『幻の特装本』, 1997, 933）
(4)　では,このことをノートに書い**ておこう**。（正木孝昌著『算数授業に子どもたちの生きる姿を見た』, 2002, 375）

(3)や(4)などの「おく」の補助動詞用法は，本動詞が意味変化（意味の漂白，semantic bleaching）・意味拡張のプロセスを経て出現したものと考えられます。この通時的な意味変化の過程を**文法化**と言います。「置く」の本動詞用法から補助動詞用法への意味変化・意味拡張のプロセスについて論じた先行研究は数多くありますが，これらの研究を(1)時代別の文献における実例に基づいた通時的な研究と，(2)現代語のデータに基づいた共時的な研究に大別すると，前者に属する通時的な研究はきわめて少なく，一色（2013）の日本語と韓国語の補助動詞の意味拡張プロセスを明らかにすることを目的とした通時的な対照研究は，その意味で大変興味深い論考です。それに対して，後者の共時的な研究は数多く存在します。主なものとして，高橋（1976），吉川（1976，1982），Ono（1992），笠松（1993），長野（1995），谷口（1999，2000a，2000b），金水・工藤・沼田（2000），大場（2005），山本（2005），菊地（2009），佐藤（2015）を挙げることができます[1]。従来のほとんどの共時的な研究は，研究者自身による作例か，現代語の小規模なデータに基づいて，「V1 ておく」の意味や用法を記述したり分類するものです。

　本章の「V1 ておく」と「V1 とく」の研究も後者の共時的なものですが，次の2つの点で，これまでの先行研究とは異なっています。第一に，本研究が，約1億語のBCCWJと，約11億語のTWCの2つの大規模コーパスデータに基づくコーパス基盤の研究であることです。第二に，本研究では，言語類型論・対照言語学の手法を用い，アジア諸語における「V1 ておく」「V1 とく」と同等な複合動詞との対照を通じて，その類似点や相違点をあぶり出し，日本語の「置く」の本動詞用法から補助動詞用法への意味変化や意味拡張のプロセスを明らかにしようとしている点にあります。

5.2　NLB，NLT における本動詞用法・補助動詞用法の検索

　本論に入る前に，NLB や NLT において，本動詞用法と補助動詞用法の両方の用法をもつ動詞をどのように検索すればよいのかを確認しておきましょう。まず，見出し語検索ウィンドウを開き，動詞タブをクリックします。

---

[1] このほかに，アスペクトの観点からの「テオク」と「テアル」の関連性を扱った研究や，日本語教育の観点からの「テオク」の研究が多数あります。研究系統別の分類やまとめについては，佐藤（2015）を参照してください。

第5章　基本動詞「置く」の本動詞用法から補助動詞用法への文法化

次に，入力ボックスに「おく」または「oku」と入力して，［絞り込み］ボタンをクリックします。すると，図 5-1 のように，「おく」という読みをもつ動詞が表示されます。

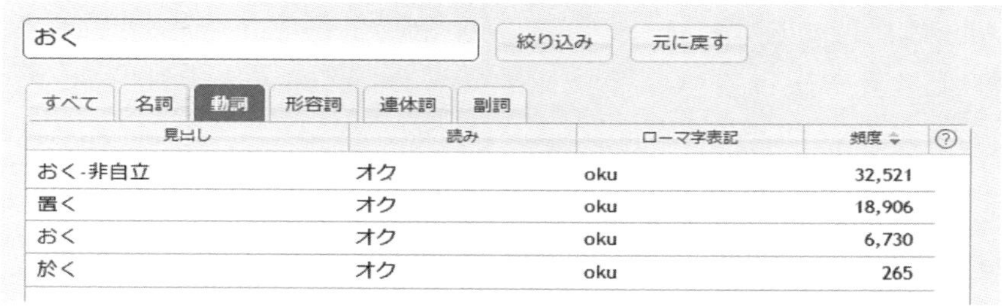

図 5-1　動詞「おく」の検索（NLB）

これらの見出しのうち，本動詞用法の「置く」を調べたいときは 2 番目の「置く」を，補助動詞用法の「おく」を調べたいときは 1 番目の「おく - 非自立」をそれぞれ選びます。NLB や NLT では，動詞の見出しに「非自立」とあるものが，補助動詞用法に相当します。この検索結果から，本動詞用法の頻度より補助動詞用法の頻度が高いことが分かります。

次に，表記について調べてみます。日本語の母語話者であれば，これまでの経験の蓄積から，本動詞用法では漢字表記の「置く」が，補助動詞用法ではひらがな表記の「おく」が一般的な表記であると予想できますが，コーパスでも実際にそのようになっているのか調べてみましょう。まず，NLB で，本動詞用法の「置く」の見出しで調べてみます。左の［基本］タブの［書字形］を開きます（図 5-2）。すると，漢字表記の「置く」が 18785 件に対して，ひらがな表記の「おく」が 6730 件と，漢字表

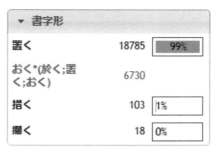

図 5-2　本動詞用法の表記

図 5-3　補助動詞用法の表記

記のほうが2倍以上多いことが分かります。

次に、補助動詞用法の「おく‐非自立」を調べてみます。同じように書字形のタブを開きます（図5-3）。「おく」が32521件で100%になっています。しかし実は、これは、補助動詞用法で「置く」の表記がまったく使われていないということではありません。NLBやNLTで使用している形態素解析用IPA辞書が補助動詞用法（非自立の「おく」）として、ひらがな表記の「おく」のみを登録しているのが本当の理由です。

本動詞の「置く」の見出

...を置く 1895種類			
コロケーション	コーパス全体		
	頻度	MI	LD
重点を置く	440	11.24	10.41
身を置く	243	7.55	8.29
手を置く	191	5.68	6.75
距離を置く	189	8.61	8.72
受話器を置く	180	11.23	9.33
間を置く	159	5.37	6.45
ものを置く	131	2.90	4.14
ことを置く	130	1.31	2.59
重きを置く	110	12.55	8.75
【一般】を置く	84	0.69	1.96
それを置く	80	2.61	3.83
グラスを置く	75	8.77	7.88
籍を置く	74	10.83	8.13
荷物を置く	72	8.48	7.77
時間を置く	70	3.87	4.99
人を置く	68	1.56	2.82
物を置く	68	4.85	5.81

図5-4 「置く」のヲ格名詞

し語ウィンドウで、複合動詞の「動詞+て置く」のパターンを見ると、実際には補助動詞用法として分類されるべき例を見つけることができます。これを見ると、漢字表記の「置く」の例が750件ほどあるのが分かります。いずれにしても、ひらがな表記の「おく」の32500件と比べれば、かなり小さい数字であることが確認できます。

最後に、本動詞用法の「置く」のヲ格名詞を調べてみます（図5-4）。［グループ別］タブから「…を置く」をクリックすると、コロケーションパネルにヲ格名詞が頻度順に表示されます。基本義で使われているヲ格名詞を探してみると、「手」、「受話器」、「もの（物）」、「グラス」、「荷物」などが上位に並んでいます。本章の最初に「モノを設置する」という基本義の例を示しましたが、実際の用例を見ると、ヒトをモノとして扱い、あるトコロに設置す

る実例も確認できます。しかし，ヒトよりモノを設置する例のほうがはるかに多いことが確認できます。

　母語話者では，このような表記や用法に関する直感が働きますが，直感が働かない筆者（パルデシ）のような非母語話者にとって，大規模なコーパスは，特定の言語形式の使用での非対称性を客観的に把握する非常に有効な手段になります。

5.3　本動詞用法から補助動詞用法への意味変化・意味拡張：Indo-Turanian 言語地域諸語の研究の知見

　Masica（1976，第 5 章，141-158）は，大規模な地理言語学的な研究を通じて，「V1（前項・不定形）＋ V2（後項・定形）」という形式を採る動詞の連結（複合動詞，explicator compound verb [ECV]）が Indo-Turanian 言語地域（東・南・中央アジアを含む広域）の諸語で見られる言語現象であることを明らかにした画期的な研究です（複合動詞を持つ言語地域の境界線については同書の 151 ページの MAP 5 を参照）。ECV 型の複合動詞においては，前項である V1 は語彙的な意味を表しますが，後項である V2 は語彙的な意味を表しません。言い換えれば，V2 は意味的に漂白されて，ECV 型の複合動詞の命題的な意味の比重は V1 のほうにあります。

　では，ECV 型の複合動詞において，V2 はどのような役割や機能を担うのでしょうか。V2 の機能について，ヒンディー語，マラーティー語，テルグ語，タミル語など南アジア諸語研究では，様々な立場があります。Masica（1976）は，V2 の機能は V1 の表す潜在的な意味を顕在化し，解説する（explicate）ことであるとし，V2 の位置に現れる動詞群を explicator verb と名付けています。V2 の位置に現れる動詞は閉じたクラスであり，その構成員の主なものには，もとの意味が GO, COME, GIVE, TAKE, PUT/KEEP, SEE, THROW, SIT, STAND のような基本動詞があります。これらの動詞の多くは，方向性を持つため，explicator verb は vector verb とも呼ばれます。

　Masica（1976: 146, TABLE 10）では，ユーラシアの多くの言語において，日本語の「置く」に相当する動詞（PUT, KEEP）が，本動詞用法から補助動詞用法への意味変化・意味拡張を示し，その拡張された意味も

「forethought, completion（将来を見越して準備し，何かを完成させる）」を表す点でおおむね共通していると述べています。日本語の「V1ておく」「V1とく」における「おく」の意味用法については，前掲の研究のすべてが「準備」という意味を挙げています。「置く」に相当する動詞（PUT, KEEP）の文法化過程において，ユーラシアの多くの言語間で類似点が見られることは大変興味深いことです。

　南アジア諸語においては，複合動詞の研究が盛んで，多くの研究の蓄積があります。Hook（1974）はその代表的研究です。Hook（1974: 1）が指摘するように，「V1（前項・不定形）＋V2（後項・定形）」の複合動詞が使用される構文と，「V1（前項・定形）」のみが使用される構文では，本動詞のV1が共通するため，「命題的な意味」が等しく，置き換えが可能です。例えば，前出の(3)と(4)のような複合動詞「V1ておく」の例と(5)と(6)の単独動詞「V1」のみの例（筆者による作例）は，それぞれ命題的な意味はほぼ同じで，置き換えが可能です。

(3)　本題に入る前に，まずそれを考え**ておく**必要がある。（ジョン・ダニング著，宮脇孝雄訳『幻の特装本』，1997，933）
(4)　では，このことをノートに書い**ておこう**。（正木孝昌著『算数授業に子どもたちの生きる姿を見た』，2002，375）
(5)　本題に入る前に，まずそれを**考える**必要がある。
(6)　では，このことをノートに**書こう**。

　Hook（2001: 101-104）が指摘するように，(3)と(5)や(4)と(6)では，命題的な意味は同じですが，両者には微妙なニュアンスの違いや使い分けが存在します。しかし，そのニュアンスの違いを，複合動詞が存在しない英語，サンスクリット語などの言語に翻訳するのは至難の業と言えます。

　日本語のテ形を含む複合動詞の研究では，複合動詞の補助動詞は本動詞としての用法と異なった意味用法を発達させると捉えます。そのため，(1)，(2)のような「置く」の本動詞用法を念頭に置きながら，(3)，(4)のような補助動詞用法を記述する研究が主流になっています。一方，南アジア諸語での研究では，(3)と(5)や，(4)と(6)のように，本動詞が共通する単独動詞構文（無標形）と複合動詞構文（有標形）を対照させ，補助動詞の有無による

意味や機能の違い，つまり，有標形選択の動機づけや使用環境に焦点を当てる研究が中心です。佐藤 (2015) は，この南アジア諸語の研究手法と同様，日本語の「V1」と「V1 ておく」を対照させ，無標形である「V1」構文と有標形である「V1 ておく」構文の使い分け，すなわち，有標形である「V1 ておく」の選択の動機づけを明らかにしようしている点で重要な研究です。

次節では N_B と NLT を使って，大規模コーパスにおける補助動詞としての「おく」の使用実態を調査し，質的な研究で提案されている知見と，実例に基づく量的な研究の結果を組み合わせることにより，日本語の「置く」の意味変化・意味拡張の過程がより鮮明に浮き彫りになることを示します。また，日本語の「置く」の補助動詞用法をマラーティー語，ヒンディー語，韓国語における「おく」に相当する動詞の補助動詞用法と対照させて，日本語の「置く」の意味の漂白化や文法化（補助動詞用法化）の度合いがマラーティー語，ヒンディー語，韓国語より高いことを論じます。

5.4　大規模コーパスにおける補助動詞としての「置く・おく」の使用実態

5.4.1　共起する V1 の種類と自他の分布

NLB, NLT では，本動詞として使用される「置く」と，複合動詞の後項つまり補助動詞として使用される「おく」の使用頻度を簡単に調べることができます。表 5-1 はそれぞれのコーパスの使用頻度をまとめたものです。

表 5-1　本動詞「置く」と補助動詞の「おく」の使用頻度

コーパス（検索ツール）	補助動詞の頻度	本動詞の頻度	
	おく	置く	おく
BCCWJ（NLE）	32,521	18,906	6,730
TWC（NLT）	363,679	191,813	49,394

NLB, NLT では，見出しのコロケーションを Excel ファイルや CSV ファイルとしてダウンロードすることができます。このデータを用いれば，複合動詞の前項である V1 の種類（異なり語数）や自他の区別などを調査するこ

とができます。NLB でも NLT でも V1 は数千種類に上り，そのすべてを調べることは難しいため，ここでは，分析の対象を出現頻度が 50 以上の V1 に限定しています。次に，対象となる V1 の自他を動詞項構造シソーラス[2]から作成した動詞の自他表（動詞数：5190）のデータを利用して判別しました。その結果をまとめたのが表 5-2 です。

表 5-2　V1 の異なり語数および自他の区別

	BCCWJ（NLB）			TWC（NLT）		
出現した V1 の種類	2248			4901		
頻度 50 以上の V1 の種類	105			597		
V1 の自他	他	自他	自	他	自他	自
	92	13	0	517	59	21

　文法化の一指標である意味の漂白化よって，「V1 ておく」における補助動詞「おく」はその基本義，すなわち，「動作主があるトコロにモノを設置する」という位置変化の意味を失い，基本義でとる項（〜に，〜を）もとらなくなります。そのため，V1 との共起制限が緩まり，目的語をとらない自動詞とも共起できるようになると考えられます。

　一色（2013：55-56，表 4）によれば，上代日本語である『万葉集』の「V1 ておく」の複合動詞において，V1 が自動詞のものは「降りる」，「寄せ来る」の 2 つだけです。しかし，どちらの「おく」も，「露や霧が生じて，ある場所を占める。また，雪などが降って地にたまる（『日本国語大辞典』「おく」【一】）」という意味で用いられる同音異義語の「おく」の本動詞用法であるとしています。言い換えれば，上代日本語の複合動詞においては，「事物に，ある位置を占めさせる（『日本国語大辞典』「おく」【二】〔一〕）」つまり，「動作主があるトコロにモノを設置する」という位置変化を表す「置く」については，自動詞の V1 と共起する例が観察されていないということです。しかし，現代語においては，以下のように，「寝る」，「立つ」などの自動詞の V1 と補助動詞の「おく」が共起する例が NLB で確認できます。

2　http://cl.it.okayama-u.ac.jp/rsc/data/download.html

(7) あー，あたまいたい。お薬飲んで，おとなしく**ねておきます**。(Yahoo!ブログ，2008，日本)
(8) 1247M は坪尻まではいらず，結局 255D に乗ることになるのだけれど，せっかくだから未乗降の金蔵寺駅に**立っておこう**と，地下道の階段を下って上った。(種村直樹著『駅の旅』，2000，291)

　日本語の「置く」に相当するマラーティー語やヒンディー語の補助動詞では，他動詞の V1 と共起する例は観察されますが，自動詞の V1 と共起する例は観察されません。また，韓国語については，一色（2013，第5章）によれば，15〜16 世紀の中世の資料，17〜18 世紀の近世の資料において，日本語の「置く」に相当する韓国語の twuta や nohta の補助動詞用法において，自動詞の V1 と共起する例はまったく観察されません（twuta に関して，表4（140頁），表8（150頁），表12（159頁），表16（167頁）；nohta に関して，表20（175頁），表24（180頁），表28（184頁），表32（187頁））。日本語と非常に似ていると言われる韓国語ですが，現代韓国語において，「V1（自動詞）＋ twuta や nohta（補助動詞）」の組み合わせの許容において，日本語より許容範囲が狭く，「自動詞 ＋ twuta」の組み合わせのみが許容されるようです。さらに，この組み合わせにおいても，「寝る」は許容されやすいが，「立つ，座る」は許容度が落ちるとのことです（金廷珉，私言）。韓国語とすら異なっていることは「おく」の本動詞用法から補助動詞用法への文法化の度合いを論じる上で興味深い現象です。

5.4.2　否定形の V1 との共起

　日本語では，「V1 ないでおく」のように，本動詞が否定形であっても補助動詞の「おく」との共起は可能です。(9)では V1 が他動詞，(10)では自動詞になっています。NLB，NLT では「V1 ないでおく」というパターンは検索できないため，以下の例は Google 検索を利用しています（2016 年 5 月 25 日にアクセス）。

(9) 「生きていると，言うべきことよりも**言わないでおく**べきことの方が多い。
　　http://books.google.co.jp/books?isbn=4835510917

(10) 　仮眠というテもあるのですが昨日のメンテ中に仮眠をと思って寝たら朝までコースの本気寝になってしまったのであえて**寝ないでおこう**と思います。

http://eu.finalfantasyxiv.com/lodestone/character/4224218/blog/1271136/

ヒンディー語やマラーティー語では否定形の V1 と日本語の「置く」に相当する動詞の補助動詞は共起しません。現代韓国語においても否定形の V1 と補助動詞としての twuta や nohta は共起することはありません（金廷珉，私言）。

5.4.3　V1 と V2 が同じもの：「おいておく」

日本語では，「V1 て V2」型の複合動詞で，本動詞である V1 と補助動詞である V2 の両方が同じ動詞「置く」の組み合わせも可能です。以下は，NLT から探した用例です。

(11) 　あ，あとはそこに**置いておいて**ください。
　　　www16.plala.or.jp/LastComets/Doraconis_07.html
(12) 　もうこの辺で独断的な話しは**置いておいて**，標題の本に絡む話しに入ろう。
　　　aizawahideyuki.jp/kiji195.html

ヒンディー語やマラーティー語では，このような組み合わせは認められません。韓国語においては，「twuta + twuta」，「nohta + nohta」，「nohta + twuta」の組み合わせが許容されるものの，「twuta + nohta」の組み合わせが許容されません（金廷珉，私言）。

上記の(9)〜(12)に見られる V1 との共起制限の緩和を考えると，日本語の「置く」の文法化は，それに相当するヒンディー語やマラーティー語の動詞よりかなり進んでいると言うことができます。

V1 との共起制限の緩やかさに加えて，日本語では「おく」の補助動詞用法において「V1 とく」「V1 どく」のような phonetic erosion（phonological reduction ともいう）という現象があります。

(13) 　経済学部受験ならこれは**読んどけ**！

www.project1965.net/keizai/keizaikeiei.html

(14) 先生は寝ときなさいと言ったのだけれど海の行きたさのあまり寝ずに海へ行ってしまいました。

www.karatedo.co.jp/seiji-nishimura/report/08_all_hawaii/index.html

　Heine（1993: 106）はある語は文法的なマーカーとして慣習化されるとその音声的な実質が失われる，当該語が短縮されると指摘し，この現象をerosion（浸食・摩耗）と名付けています。換言すれば，erosion が起こることは文法化が進んでいることの証です。また，Heine et al（1991: 214）は，phonetic erosion が起こる理由の一つは，相対的な使用頻度の高さだと述べています。

　日本語では補助動詞用法において「V1 ておく」は「V1 とく」「V1 どく」のように短縮されることがありますが，韓国語，ヒンディー語やマラーティー語では，「ておく」から「とく，どく」のような短縮は起こりません。

　これまでに挙げた諸現象から，韓国語，ヒンディー語やマラーティー語に比べて，日本語の「置く・おく」は文法化の度合いが高いと結論づけることができます。

5.5　まとめ

　NLB や NLT のような検索ツールを利用して，動詞「置く」の補助動詞的用法を調査しました。このようなコーパスを利用した研究では，母語話者の直感に頼らない客観的な分析が可能となります。しかし，NLB や NLT では，典型的なパターンのみを検索できるレキシカルプロファイリングの特性と限界により，「V1 ないでおく」や，従属節で用いられる「V1 ておきながら…」などの検索ができません。そのため，NLB や NLT で検索できないパターンは，他のコーパスツールやネット検索を利用する必要があります。

参考文献

一色舞子（2013）「日本語と韓国語補助動詞の意味拡張における通時的対照研究」北海道大学大学院文学研究科博士学位論文．

大場美恵子（2005）「補助動詞「おく」についての一考察」『東京大学留学生センター

教育研究論集』14: 19-33.
笠松郁子（1993）「「しておく」を述語にする文」言語学研究会（編）『ことばの科学』6: 117-139，むぎ書房．
菊地康人（2009）「「ておく」の分析」『東京大学留学生センター教育研究論集』15: 1-20.
金水敏・工藤真由美・沼田善子（2000）『日本語の文法2　時・否定と取り立て』岩波書店．
佐藤琢三（2015）「補助動詞のテオク―意味・語用論的特徴と学習者の問題」阿部二郎・庵功雄・佐藤琢三（編）『文法・談話研究と日本語教育の接点』1-18，くろしお出版．
高橋太郎（1976）「すがたともくろみ」金田一春彦（編）『日本語動詞のアスペクト』117-153，むぎ書房．
谷口秀治（1999）「『～ておく』形式のムード的側面とその用法について」『大分大学教育福祉科学部研究紀要』21(2): 169-178.
谷口秀治（2000a）「「～ておく」に関する一考察―終結性を持つ用法を中心に」『日本語教育』104: 1-9.
谷口秀治（2000b）「「～ておく」形式における準備性と処置的機能について」『教育学研究紀要第二部』45: 432-436，中国四国教育学会．
長野ゆり（1995）「「～ておく」の用法について」『現代日本語研究』2: 155-163，大阪大学．
山本裕子（2005）「「ておく」の意味機能について」『名古屋女子大学紀要』51: 207-218.
吉川武時（1976）「現代日本語動詞のアスペクト研究」金田一春彦（編）『日本語動詞のアスペクト』155-327，むぎ書房．
吉川武時（1982）「「ておく」」日本語教育学会（編）『日本語教育辞典』（旧版）368，大修館書店．
Heine, Bernd (1993). *Auxiliaries: Cognitive Forces and Grammaticalization.* Oxford: Oxford University Press.
Heine, Bernd, Ulrike Claudi and Friederike Hunnemeyer (1991). *Grammaticalization: A Conceptual Framework.* Chicago: University of Chicago Press.
Hook, Peter (1974). *The Compound Verb in Hindi.* Ann Arbor: Center for South and Southeast Asian Studies, University of Michigan.
Hook, Peter (2001). "Where do compound verbs come from? And where are they going?" In: P. Bhaskararao and K.V. Subbarao (eds.) *The Yearbook of South Asian Languages and Linguistics 2001: Papers from the Symposium on South Asian Languages: Contact, Convergence and Typology.* New Delhi: Sage Publications.
Masica, Colin P. (1976). *Defining a linguistic area: South Asia.* Chicago: University of Chicago Press.
Ono, Tsuyoshi (1992). The grammaticization of the Japanese verbs *oku* and *shimau*. *Cognitive Linguistics* 3(4). 367-390.

第6章
語彙的自他動詞対における形式的な有標・無標さの予測

6.1 はじめに

　日本語を含む世界の多くの言語には，「立つ (tat-u)：立てる (tate-ru)」，「裂ける (sake-ru)：裂く (sak-u)」，「移る (utur-u)：移す (utus-u)」，「開く (hirak-u)：開く (hirak-u)」，「死ぬ (sin-u)：殺す (koros-u)」のような語彙的自他動詞対が存在します[1]。特に，日本語には，語彙的自他動詞対が豊富です。

　語彙的自他動詞対を形式的な側面から観察すると，英語では，「open：open」，「break：break」，「move：move」のような自他同形 (labile) が優勢です。また，中国語やタイ語などのようないわゆる孤立型言語の場合でも，自他同形の傾向が強く見られます。しかし，日本語を含む多くの言語では，対をなす動詞は形式が異なる自他異形が主流です[2]。

　日本語の研究において，語彙的自他動詞対は，自他対応（自動詞と他動詞の派生対応），有対・無対他動詞や有対・無対自動詞といった名称のもとで

---

[1] 「立つ」，「死ぬ」のような自動詞は「立たせる」，「死なせる」のような統語的な操作（使役化）を経て派生した他動詞と対をなすとともに「立てる」，「殺す」のような統語的な操作（使役化）を経て派生したのではない，語彙として存在するいわゆる語彙的な他動詞とも対をなします。前者を「統語的な自他動詞対」，後者を「語彙的な自他動詞対」と呼びます。

[2] 語彙的自他動詞対間の形式的な関係については，国立国語研究所が開発した『使役交替言語地図』を参照（http://watp.ninjal.ac.jp/）。このツールのチャートインタフェースでは，非使役動詞と使役動詞間の形式的関係のタイプ (A, C, E, L, S) による並べ替えが可能で，自他同形 (L) で並べ替えることでこの傾向を確認することができます。

研究されてきました（西尾（1954, 1978, 1982），奥津（1967），宮島（1972），須賀（1986），早津（1987, 1989），野田（1991）など）[3]。これらの研究では，ある他動詞に対応する自動詞があるかないかを，他動詞の意味特徴から予測することおよびある自動詞に対応する他動詞があるかないかに主眼が置かれています。例えば，宮島（1972: 164）は，「（自動詞と対応しない他動詞は）意味的にいえば，対象への働きかけに重点があって，対象の変化に関心がうすいもの」と述べています。早津（1989）は，この宮島の知見を参考にして，ある他動詞に対応する自動詞があるかどうかは，主に他動詞の意味特徴に左右され，自動詞の対をもつ他動詞には，働きかけの結果に注目する動詞が多いと主張しています。また，西尾（1978: 174）の知見を参考にして，早津（1987: 83）は，対応する他動詞を持つ有対自動詞の主な特徴は（i）主語は非情物であること，（ii）働きかけによってひきおこしうる非情物の変化を表すものであることを指摘しています。

自然言語では，様々なレベルの言語単位（音，語，句，文など）において，形式上の非対称性が見られます。一方が形式的に単純（無標という）で，そこから派生したもう一方は，形式的に複雑（有標という）になります。この有標・無標の概念は，元来はプラハ（プラーグ）学派の音韻論から発展したものですが，現在では，音韻論のみならず，語彙論，意味論，統語論などの分野にも広く適用されています。例えば，能動形の「建てる」と受動形の「建てられる」を比べると，受動形には受動の標識である「られる」が付いていますが，能動形には何の標識も付いていません。標識論（markedness theory）では，特定の標識で示される形式のほうを有標（marked），標識を用いないで示される形式を無標（unmarked）と呼んでいます。

語彙的自他動詞対において，どちらが形式的に無標で，どちらが有標であるかの差に関する考察・研究では，以下の2つの対立するアプローチが存在します。

(1) 意味的な動機づけ：認知意味論的なアプローチ
(2) 経済的な動機づけ：頻度論的なアプローチ

---

[3] 須賀・早津（編）(1995) に収録されている「動詞の自他」に関する研究文献一覧を参照。

まず，(1)の認知意味論的なアプローチでは，形態的な違いは意味の違いの反映であると考えます．認知，意味の面において基本的（無標）な出来事のほうが，形式，形態的な面においても基本的（無標）であると捉えます．一方，(2)の頻度論的アプローチは，Zipf (1935) に遡ります．Zipfによれば，言語は頻度の高いものを形式上コンパクトに表現する傾向があり，形式の短さ（＝形態的に無標であること）は使用頻度の高さの反映と考えます．

(1)で問題となるのは，ある形式が意味的に基本であるかをどのように判断できるかという点です．これまでの(1)の立場では，類像性（iconicity, 意味と形式の間の類似に基づく関係性）による説明に終始しており，直感の域を出ていません．(2)では，コーパスを利用することで，頻度という客観的指標に基づいた研究が可能になります．ナロック・パルデシ・赤瀬川 (2015) では(2)について検証を行い，形態的に見て派生元の動詞のほうが頻度が高く，派生した動詞のほうが頻度が低いという傾向があることを明らかにしています．本章では，(1)の立場をとる研究を概観し，(2)の立場を推し進めるナロック・パルデシ・赤瀬川 (2015) の研究を紹介します．なお，この研究では，NLBを利用してBCCWJの自他動詞対の頻度を求めています．

6.2 意味的な動機づけ：認知意味論的なアプローチ

標識論の知見を援用し，Jacobsen (1985)，ヤコブセン (1989) は，日本語の語彙的自他動詞対における形式上の有標・無標性（形式上の派生の方向）を意味上の有標・無標性（意味上の派生の方向）と関連付けて論じています．日本語の語彙的な動詞対についてこの考え方をいち早く提示したのは，Jacobsen (1985) ではないかと思われます．

Jacobsen (1985) は，「特定の変化を外的な力の有無と結びつけることが普通である．その結びつきは世界の経験，つまりその変化の最も典型的な起こり方に基づいている．ある種の変化は，通常，自発的に起きていると認識される…（中略）…それに対して，ある種の変化は，通常，外的な力によってもたらされていると認識される…（中略）…有標性理論は，経験における通常性が言語的通常性に反映されること，つまりよりシンプルな形式がより複雑な形式に比べてより通常（無標）であることを予測させる…（中略）…そのため，通常自発的に起こる出来事は無標な自動詞として，典型的に外的

な力によって引き起こされる出来事は，無標な他動詞として語彙化され，有標性差のない動詞対は，通常，外的な力によっても自発的にも成り立つとする」(p. 97，和訳はナロック・パルデシ・赤瀬川による) と述べています。

さらに，Jacobsen (1985: 98-99) は，同じ -eru という標識が関わっているにもかかわらず，自動詞が有標となっている「切れる←切る」，「砕ける←砕く」「脱げる←脱ぐ」，「折れる←折る」，「割れる←割る」，「焼ける←焼く」のような語彙的な自他動詞対がある一方，他動詞が有標となっている「開く→開ける」，「伏す→伏せる」，「沈む→沈める」，「どく→どける」，「育つ→育てる」，「痛む→痛める」のような語彙的な自他動詞対も存在することを指摘し，この言語形式上の有標・無標の差は，一部の例外があるものの，上述のように，我々の経験・認識上の有標・無標の差を映していると説明しています。形式上他動詞が無標となっている前者の動詞対においては，他動詞が，我々の経験・認識上では通常外部の力を必要とする破壊や暴力を描写する出来事を表す傾向が強く，一方，自動詞が無標となっている後者の動詞対においては，自動詞が，我々の経験・認識上では通常外部の力を必要としない有情物の自律的な移動，または，自発的に起こる変化などを描写する出来事を表す傾向が強いと，Jacobsen は指摘しています。このような形式上の有標・無標性（形式上の派生の方向）と経験・認識上の有標・無標性（意味上の派生の方向）間の平行性・類像性・類縁性のことを diagrammatic iconicity と呼んでいます。

上述のように，Jacobsen (1985) は，ある出来事が，典型的に，外的な力によって引き起こされるか，または外的な力によって引き起こされることはなく，自発的に起こるか，あるいは，そのいずれでも発生可能かによって，自他動詞の有標・無標性が予測できると提案しています。この Jacobsen の提案に着想を得て，Haspelmath (1987) は，この意味的な要因によって，世界の諸言語における語彙的自他動詞対の形式的な派生の方向を予測できるとしています。Haspelmath の主張によれば，ふつう外的な力によって引き起こされる出来事の場合には，他動詞が無標，自動詞が有標になり，他動詞から自動詞が派生する**反使役化・自動化の派生パターン**が好まれるのに対して，ふつう自発的に起こる出来事の場合には，自動詞が無標，他動詞が有標になり，自動詞から他動詞が派生する**使役化・他動化の派生パターン**が好ま

れます。同様の主張が Croft（1990），Haspelmath（1993）でも展開されています。90 年代には，機能主義的な言語類型論の分野において，言語現象の外部的な動機づけとして，この類像性・類縁性が注目され，認知的な意味に基づく説明を強く主張した Haspelmath（1993）は大きな影響を及ぼしました。この研究では，21 言語における 31 対のデータの分析を通じて，「自発的発生の確率のスケール」（scale of increasing likelihood of spontaneous occurrence）を提案し，ある出来事が自発的に発生する確率は，その出来事を表す動詞が構成員である起動・使役（inchoative-causative）動詞対の形式上の派生の方向を決定する主要因である」（p. 106）と論じています。つまり，ある出来事が自発的に発生する確率が高い場合は，それが無標の自動詞として語彙化され，この無標の自動詞から対応する他動詞が派生するため，他動詞が有標となります。逆に，ある出来事が自発的に発生する確率が低い（言い換えれば，外部の力によって発生する可能性が高い）場合は，それが無標の他動詞として語彙化され，この無標の他動詞から対応する自動性が派生すると解釈しています。

6.3. 経済的な動機づけ：頻度論的なアプローチ

前節で述べた認知意味論的なアプローチに関しては，その限界が指摘されています。言語類型論の研究分野では，認知意味論的なアプローチによる派生の方向性の予測は主観的なものであり，同一の意味を持つと考えられる動詞対において，同一言語内のみでなく，通言語的に見ても形式上の派生の方向に違いが見られることが指摘されています。例えば，Jacobsen（1985: 99-101）は，日本語において，破壊の意味を表す「割れる←割る」という対では，形式上，他動詞から自動詞が派生すると分析されますが，同じく破壊の意味を表す「壊れる（kow-are-ru）：壊す（kow-as-u）」という対では，共通の語幹 kow- に -are- という標識がついて自動詞が，また，-as- という標識がついて他動詞が派生すると考えられ，派生の方向はないと分析される点を指摘しています。また，Nichols, Peterson and Barnes（2004: 149）は「習う：教える」という対について，ロシア語では「習う」は「教える」に再帰標識を付加し派生する一方，モンゴル語では逆に「教える」は「習う」に使役マーカーを付加し派生すると指摘しています。

近年，形式と意味間の類像的・認知的説明を推し進めた Haspelmath 自身が，それを疑問視し，Haspelmath（2006, 2008）では，形式とその形式の使用頻度間の相関関係による頻度論的な説明を展開しています。この頻度論的な説明自体は，前に述べたとおり，Zipf（1935）に遡るものであり，言語類型論の分野では Greenberg（1966），Haiman（1983），Croft（2003），Hawkins（2004）などによって経済的な動機づけとして提唱されています。Haspelmath et al（2014）では，語彙的自他動詞対の形式的な派生の方向を決定づける動機づけは認知的な意味より使用頻度にあると主張しています。Haspelmath et al（2014）の主張に刺激を受け，豊富な動詞対を持つ日本語の語彙的自他動詞対の形式的な派生の方向について，ナロック・パルデシ・赤瀬川（2015）は，NLB を利用し，1 億語の規模を有する BCCWJ における動詞対の頻度を調査・分析し，それに基づいて頻度論的な説明が支持されると主張しています。以下，NLB による研究事例として，このナロック・パルデシ・赤瀬川（2015）を紹介していきます。

6.4　ナロック・パルデシ・赤瀬川（2015）

　ナロック・パルデシ・赤瀬川（2015）は，語彙的自他動詞対の形式的な派生の方向を決定づける動機づけとして，まず認知意味論的な動機づけの不備や問題点を指摘し，その代案として頻度論的な動機づけを提案しています。

6.4.1　「認知意味論的な動機づけ」の不備と問題点

　Jacobsen（1985），Haspelmath（1987, 1993），Croft（1990）で提案された形式と経験・認知的な意味間の類像性には直感に訴えかける説得力がありますが，いくつかの問題を孕んでいます。まず，出来事が自発的に発生するのか，それとも外部の力によって使役的に発生するのかが明白な出来事については問題ないとしても，それが明らかでない出来事も少なくないからです。Croft（1990: 60-62）は，そのような例として位置，移動，感情，姿勢，破壊などの動詞を挙げています。Jacobsen（1985），Haspelmath（1987, 1993），Croft（1990）自身も認知意味論的な動機づけの限界にも触れ，有標性の差に関して言語間の不一致も指摘しています。例えば，Jacobsen（1992: 80-81）は，英語と日本語の違いについて，「有標性関係を複雑にする要因が存

第6章　語彙的自他動詞対における形式的な有標・無標さの予測

在し，言語間に出来事の他動性のあり方の不一致をもたらしている」と述べています。つまり，どの出来事が自発的と捉えられるかについて，どの言語にも共通して当てはまる普遍的な認知的物差しは存在せず，概念化はもっぱらそれぞれの言語や文化に依存する可能性が高いとしています。また，言語表現以外に，科学的に，あるいは心理学的に，ある出来事がより自発的に発生することを客観的に判断する基準も存在しません。そのため，どの出来事が自発的と認識されるかについて，証拠となるのは言語表現以外にはなく，循環論に陥っています。ここに，認知意味論的説明の限界があり，これに代わる説明や動機づけが求められる必要性が出てきます。Haspelmath et al (2014) の知見を踏まえて，日本語の語彙的自他動詞対について，ナロック・パルデシ・赤瀬川（2015）では，認知意味論的な動機づけに代わる頻度論的な動機づけを提案しています。

6.4.2　頻度論的な動機づけ

　形と意味の間の類像性を前提とする意味論的アプローチとは異なり，用法基盤モデルを援用したアプローチでは，系列的な（paradigmatic）関係にある2つの言語形式のコード化の度合いの違いは使用頻度によって動機づけられていると主張します。この主張の根底にあるのは，言語は頻度の高い表現をより短い形式でコード化（形式化）するという考え方にあります。前述した通り，この頻度論的な考え方は，Zipf (1935) に遡り，現在は Bybee (2004, 2006) や Haspelmath (2008) によって押し進められています。

　Haspelmath (2008: 10) が指摘するように，頻度の観点から比較される2つの言語形式の間には，当然ながら，何らかの系列的な関係が成り立たなければなりません。日本語の語彙的動詞対の場合，対をなす動詞間に形式的な対応関係（例：「割る」と「割れる」）がありますが，意味的な対応関係（例：「死ぬ」と「殺す」）でも構いません。通言語的な動詞対について Haspelmath (2008: 13) は，通言語的に見て，「自動的に起こる意味の動詞は起動動詞（非使役動詞）として語彙化される場合が多く，複雑な意味を持つ動詞は，使役動詞として語彙化される」とし，経済性の観点から，「頻度の低い要素は明示的にコード化される」と仮定しています。

　さらに，言語処理の観点から Hawkins (2004, 2011) は，「効率と複雑さ

の形式最小化原理」(Minimize Forms (MiF) principle of efficiency and complexity) を提案し，その一環として，高頻度で表現される意味のほうがその分高い確率で語彙化または文法化されると予測しています（Hawkins 2011: 217）。ナロック・パルデシ・赤瀬川（2015）では，日本語において高頻度の動詞がより短く基本的な形態で語彙化される要因がこの点にあると考えています。

6.4.3　コーパス頻度に基づく検証

　現代日本語の語彙的動詞対の形態的なコード化の差を使用頻度で説明するためには，まず，語彙的動詞対の包括的なリストの作成が必要です。次に，このリストを元に，NLB と大規模コーパス BCCWJ を利用して，対をなすそれぞれの動詞の頻度を調査し，その頻度情報に基づいて頻度論の主張を検証する必要があります。以下，それぞれについて詳しく見ていきます。

■語彙的動詞対リストの作成

　語彙的自他動詞のリストはすでに公開されたものがあります。なかでも収録数の多いものは次の 4 つです。いずれも国立国語研究所の『現代日本語書き言葉均衡コーパス（BCCWJ）』が公開された 2011 年以前に作られたものです。これらのリストでは，形態的な対応を重視し，自他動詞対のほか，他動詞と二重他動詞の対（例：「見る」と「見せる」）や，（二重）他動詞と（二重）他動詞の対（例：「教わる」と「教える」）も含まれています。

(1) 『日本語形態素解析システム JUMAN version 6.0』の形態素解析用辞書（2009）黒橋・河原研究室
(2) 『計算機用日本語基本動詞辞書 IPAL（Basic verbs）辞書編』（1987）情報処理振興事業協会技術センター（416 ページ）[GSK2007-D GSK 配布版「計算機用日本語基本辞書 IPAL—動詞・形容詞・名詞」情報処理振興事業協会（IPA）
http://www.gsk.or.jp/catalog/gsk2007-d/
(3) ことばの畑：自動詞・他動詞の練習（自他対のリスト）
http://www.geocities.jp/kotobano_hatake/vi_vt/vivt_note.html
(4) Jacobsen, Wesley M.（1992）*The Transitive Structure of Events in Japanese.*

Tokyo: Kurosio Publishers の付録.

　ナロック・ハイコ，プラシャント・パルデシ，影山太郎，赤瀬川史朗は，これらの表を参考にして，NLB による BCCWJ の頻度情報のほか，ローマ字表記，英訳，活用型などの情報を含んだ現代日本語の動詞対の最も包括的なリスト「現代語自他対一覧表」を作成しました[4]。このリストの作成にあたっては，まず NLB の見出しとして収録されているすべての動詞を抽出し，そこから可能動詞などの語彙的自他対応でないものを取り除いた上で，形式的な関係があり，かつ意味的に概ね同じ出来事を表す動詞対のみを収録しています。このリストには，(1)他動性が異なる動詞対（自動詞と他動詞の対，他動詞と複他動詞の対）453 対，(2)自動詞同士の対 18 対，および(3)他動詞同士の対 19 対，合計 490 対が収録されています[5]。このうち，(1)に関しては，一方の動詞に動作主・使役者に当たる項の付加または削除があることを認定したものであって，必ずしも特定の意味関係（例えば，「起動：使役」）に限定されたものではありません。また，語源は同じでも意味的な対応が希薄になったり部分的になっている動詞対，あるいは現代ではほとんど使われなくなっている動詞対などには印を付けています。

　この包括的な現代語自他対一覧表を元に，現代語の語彙的動詞対の形態的なコード化の差を使用頻度で説明できるかを検証していきますが，まずその前提として，検証の対象となる対が系列的な関係にあることが重要です。この論文では，一方の動詞がもう一方の動詞に対して動作主を追加する，または省く対のみを検証の対象としています。形態的には同形である自他同形の対（labile verb，例: ひらく（自動詞）：ひらく（他動詞）），他動性の差が認められない自動詞同士の対（例: 剥げる：剥がれる），他動詞同士の対（例: 預かる：預ける）は検証の対象から外しています。また，現代語自他対一覧表で印の付いた，同語源でも意味的な対応が希薄になったり部分的になったりしている動詞対，古風な言い方になっている動詞対も検証作業から除外し

---

[4] ナロック・ハイコ，プラシャント・パルデシ，影山太郎，赤瀬川史朗（2015）『現代語自他対一覧表 Excel 版』．国立国語研究所の『使役交替言語地図』の以下の URL からダウンロード可能。http://watp.ninjal.ac.jp/resources/
[5] 「現代語自他対一覧表」の簡約版は，以下の論文集の付録として収録されています。プラシャント・パルデシ，ハイコ・ナロック，桐生和幸（編）(2015)『有対動詞の通言語的研究―日本語と諸言語の対照から見えてくるもの』くろしお出版．

ています。

■頻度論の検証

検証に先立って、対をなす動詞のどちらの動詞がよりコード化されているか、つまり有標であるかを判定する基準を作る必要があります。

コード化の差の判定基準

ナロック・パルデシ・赤瀬川（2015）は近年の類型論的な研究に従って、動詞の形態的な側面に注目し、対をなす自動詞と他動詞を比較したときの音韻的な長さ（分節音素の数）をコード化（encoding）の差として捉えます。現代日本語の動詞対のほとんどが同じ語根に基づいていますが、その語根に対して以下の形態論的な操作が加わるか、または加わりません。

(I) **子音語幹動詞**（Vc）：他動性を表す分節音が加えられておらず、無標である。（例: 溶く tok-u）

(II) **母音語幹動詞**（Vv）：(I) の無標の子音語幹動詞に対して有標（分節音素の数が多い）である。形態的には見かけ上語幹に形態素 /e/ または /i/ が加わっているという見方が可能だが、形態論分析上または歴史的に必ずしも正しくない。（ナロック 2007 参照）（例: 溶ける toke-ru）

(III) **V + α r/s 型**：語根に -αr もしくは -αs（αは =a= または =o= で具現する）が加わっていると見ることができる動詞。これも、形態表面的に語幹に形態素 -αr または -αs が加わっているという見方が可能だが、形態論分析上または歴史的に問題がある。（例: 溶かす tokas-u、染まる somar-u）

表 6-1 は、「溶く」、「溶ける」、「溶かす」の３つの動詞を例として、上記３種の形態的類型の間のコード化の差を活用形ごとにローマ字で示したものです。それぞれの活用において、最もコード化の度合いが高い動詞を太字、コード化の度合いが中程度の動詞を斜体で示しています。

表 6-1 を見ると、母音語幹動詞では９つの活用形のうち、否定連用以外の８つの活用形においてコード化の度合いが高いのが分かります。V + α r/s

第6章　語彙的自他動詞対における形式的な有標・無標さの予測

表 6-1　現代語の動詞対の形態的パターンとコード化の差
（ナロック・パルデシ・赤瀬川（2015）表3，一部変更）

活用形	子音語幹動詞（Vc）溶く	母音語幹動詞（Vv）溶ける	V+αr/s 溶かす
非過去	tok-u	**toke-ru**	**tokas-u**
意志・未来	tok-oo	**toke-yoo**	**tokas-oo**
条件 I	tok-eba	**toke-reba**	**tokas-eba**
命令	tok-e	**toke-ro**	**tokas-e**
否定連用	tok-azu	toke-zu	**tokas-azu**
テ形	toi-te	*toke-te*	**tokasi-te**
過去・完了	toi-ta	*toke-ta*	**tokasi-ta**
条件 II	toi-tara	*toke-tara*	**tokasi-tara**
例示	toi-tari	*toke-tari*	**tokasi-tari**

型の動詞では，すべての活用形において，高いコード化を示していますが，母音語幹動詞との比較では，5つの活用形において，コード化の度合いがより高くなっています。これら3つの形態的類型から構成された動詞対のコード化の差を大きい順で並べると次のようになります。

(a) **子音語幹動詞（Vc）**と **V+αr/s 型**の動詞対
　　V+αt，V+αkas も少々存在するが，頻度計算では便宜的に V+αs 動詞に加算
(b) **子音語幹動詞（Vc）**と**母音語幹動詞（Vv）**の動詞対
(c) **母音語幹動詞（Vv）**と **V+αr/s 型**の動詞対

ナロック・パルデシ・赤瀬川（2015）では，形態的側面に注目して，上記の3つの対応パターンを**形態的派生**と見なしています。(a)～(c)では，右の動詞が左の動詞から形態的に派生していると見ることができます。

<u>仮説と検証結果</u>

　ナロック・パルデシ・赤瀬川（2015）では，対をなす2つの動詞の形態的

な差に対応する意味統語論的関係（一方の動詞がもう一方の動詞に対して動作主を追加する他動化，一方の動詞がもう一方の動詞に対して動作主を省く非他動化など）を**統語論的派生**と名付け，その上で，上記の(a)〜(c)の動詞対を形態論的派生と統語論的派生に分けて，形態論的派生と統語論的派生のそれぞれに対応する以下の2つの仮説1aと1bを立てています。

> 仮説1a：どのような形態論的派生パターンにおいても，形態的に派生した（つまり，コード化の度合いがより高い）動詞のほうが頻度が低く，形態的な派生元の（つまり，コード化の度合いがより低い）動詞のほうが頻度が高い。
>
> 仮説1b：どのような統語論的派生パターンにおいても，形態的に派生した動詞のほうが頻度が低く，形態的な派生元の動詞のほうが頻度が高い。

また，日本語においては他動化・非他動化の形態的類型が複数競合する場合があります。競合する動詞対については，次の仮説2を立てています。

> 仮説2：対をなす動詞間のコード化の差が大きいほど，使用頻度の差も大きい。

まず，仮説1aを検証するため，現代語自他対一覧表に収録されている動詞対を形態的派生パターン別に分類し，コード化の度合いの高い動詞と低い動詞の出現頻度をコーパスで計数し，どちらの頻度が高いかを調査しました。その結果が表6-2です。

表6-2のように，形態論的派生パターンにかかわらず，コード化の度合いの低い動詞が頻度が高い傾向が顕著です（79％対21％）。したがって，仮説1aは支持されると言えます。一方，仮説2は部分的にしか支持されません。パターン(a)の対は予想通り，使用頻度の差が最も大きいですが，パターン(b)と(c)の間には違いが見られません。

また，これらの仮説と直接関係はありませんが，個別のパターンに大きな差が見られます。コード化の度合いが低い動詞と高い動詞の間の使用頻度の差が最も小さいのは，$V_c > V + \alpha r$ による非他動化のパターンですが，そもそも動詞対の数が少ないため，統計的に十分信頼できるとは言えません。ま

第6章 語彙的自他動詞対における形式的な有標・無標さの予測

表 6-2 形態論的派生パターン別の頻度差
(ナロック・パルデシ・赤瀬川 (2015) 表 4 (一部語句改変), 上段が動詞対数, 下段が割合)

形態論的派生パターン	コード化の度合いが低い動詞のほうが頻度が高い	コード化の度合いが高い動詞のほうが頻度が高い	同頻度
Vc＞＋αs/akas- (他動化)	74 0.90	8 0.10	0
Vc＞V＋αr (非他動化)	8 0.57	6 0.43	0
(a) Vc＞V＋αs/akas/r- 合計	82 0.85	14 0.15	0
Vc＞Vv (他動化)	39 0.68	17 0.30	1 0.02
Vc＞Vv (非他動化)	36 0.88	5 0.12	0
(b) Vc＞Vv 合計	75 0.77	22 0.22	1 0.01
Vv＞V＋αs/akas- (他動化)	69 0.84	13 0.16	0
Vv＞V＋αr (非他動化)	59 0.70	25 0.30	0
(c) Vv＞V＋αs/akas/r- 合計	128 0.77	38 0.23	0
合計	285 0.79	74 0.21	1

た,母音活用化 (Vc＞Vv) による他動化対の使用頻度の差も比較的小さい結果になっています。

ナロック (2007) にあるように,歴史的派生という観点から見ると,母音活用化の前身である下二段化による他動化対の振舞いが目立ちます。まず,このパターンには「まつろふ (四段)」と「まつろふ (下二段)」のように歴史的に消失した対が最も多いことがあります (107 対中 54 対が通時的に使用されなくなり消失しました)。また,56 対中 19 対において,「のく (四段)」

と「のく（下二段）」のように，実際に観察される歴史的派生が形態的な派生と逆方向になっています．つまり，これらの対はいわゆる逆生の結果です．おそらく，母音活用化による他動化はいわゆる可能動詞（$V+(r)e$）の出現等によって誤解されやすい構造になり，母音活用化は次第に非他動化と連想されるようになったものと推測されます．

次に仮説 1b の検証では，他動化・非他動化に分けてコード化の度合いの低い動詞と高い動詞の使用頻度の差を示しています．この表には，コード化の差のない動詞対（両極対）も含まれています．

表 6-3 が示すように，他動化対の 82％，非他動化対の 74％においてコード化の度合いが低い動詞のほうが頻度が高くなっています．つまり，非他動化対より他動化対のほうが，仮説に合致する傾向が見られます．これは，日本語の言語使用において，非他動的（自動的）表現法のほうが好まれることを示していると考えられます．また，コード化の差がない両極対において，自動詞のほうが頻度が高い（74％対 26％）のも，自動詞がベースとなっている日本語の特質によると考えられます．

以上のような調査を通して，ナロック・パルデシ・赤瀬川（2015）では，現代日本語の大量のコーパスデータを用いて，頻度仮説を概ね裏付けています．

6.5　まとめ

本章では，NLB を利用した研究事例の一つとして，語彙的自他動詞対における形式的な派生の方向に関する言語学的一般化・定説の検証を試みるナロック・パルデシ・赤瀬川（2015）の研究の一部を要約して紹介しました．この論文では，古代語との比較も行っていますが，紙幅の関係で割愛しました．また，一部の議論は簡略化して紹介しました．詳細については，この論文を参照してください．

第6章 語彙的自他動詞対における形式的な有標・無標さの予測

表 6-3 統語論的派生パターン別の頻度
(ナロック・パルデシ・赤瀬川 (2015) 表 5,上段が動詞対数,下段が割合)

統語論的派生パターン (形態的パターン別)	コード化の度合いが低い 動詞のほうが頻度が高い	コード化の度合いが高い 動詞のほうが頻度が高い	同頻度
$V_C > V_V$ (他動化)	39 0.68	17 0.30	1 0.02
$V_C > V + \alpha s/\alpha kas$ (他動化)	74 0.90	8 0.10	0
$V_V > V + \alpha s/\alpha kas$ (他動化)	69 0.84	13 0.16	0
他動化合計	182 0.82	38 0.17	1 0.005
$V_C > V_V$ (非他動化)	36 0.88	5 0.12	0
$V_C > V + \alpha r$ (非他動化)	8 0.57	6 0.43	0
$V_V > V + \alpha r$ (非他動化)	59 0.70	25 0.30	0
非他動化合計	103 0.74	36 0.26	0
他動化・非他動化合計	285 0.79	74 0.21	1 0.00
両極対	自動詞	他動詞	
$V + \alpha s/akas \text{-} <> V + \alpha r$ 等	45 0.74	16 0.26	0

参考文献

奥津敬一郎 (1967)「自動化・他動化および両極化転形―自・他動詞の対応」『国語学』70: 46-66.
須賀一好 (1986)「特集・日本語動詞のすべて―動詞の形態論 自動詞・他動詞」『国文学 解釈と鑑賞』51(1): 57-63.
須賀一好・早津恵美子 (編) (1995)『動詞の自他』ひつじ書房.
ナロック・ハイコ (2007)「日本語自他動詞対の類型論的位置づけ」『レキシコンフォー

ラム』3, 161-193.
ナロック・ハイコ，プラシャント・パルデシ，赤瀬川史朗（2015）「日本語自他動詞対のコード化の頻度論的動機付け―大規模コーパスによる検証」プラシャント・パルデシ，ハイコ・ナロック，桐生和幸（編）『有対動詞の通言語的研究―日本語と諸言語の対照から見えてくるもの』くろしお出版.
ナロック・ハイコ，プラシャント・パルデシ，影山太郎，赤瀬川史朗（2015）『現代語自他対一覧表 Excel 版』(http://watp.ninjal.ac.jp/resources/)
西尾寅彌（1954）「動詞の派生について―自他対立の型による」『国語学』17: 105-117.
西尾寅弥（1978）「自動詞と他動詞における意味用法の対応について」『国語と国文学』55(5): 173-186.
西尾寅弥（1982）「自動詞と他動詞―対応するものとしないもの」『日本語教育』47: 57-68.
野田尚史（1991）「日本語の受動化と使役化の対称性」『文藝言語研究　言語篇』19: 31-51.
早津恵美子（1987）「対応する他動詞のある自動詞の意味的・統語的特徴」『言語学研究』6: 79-109.
早津恵美子（1989）「有対他動詞と無対他動詞の違いについて―意味的な特徴を中心に」『言語研究』95: 231-256.
宮島達夫（1972）『動詞の意味・用法の記述的研究（国立国語研究所報告 43）』秀英出版.
ヤコブセン・M・ウェスリー（1989）「他動性とプロトタイプ論」『日本語学の新展開』213-248，くろしお出版.
Bybee, Joan L.（2004）*Phonology and language use*. Cambridge: Cambridge University Press.
Bybee, Joan L.（2006）From usage to grammar: The mind's response to repetition. *Language* 82(4): 711-733.
Croft, William（1990）Possible verbs and the structure of events. In: Tsohatzidis, Savas L.(ed.) *Meaning and prototypes*, 48-73. London: Routledge.
Croft, William（2003）*Typology and universals*, 2nd edn. Cambridge: Cambridge University Press.
Greenberg, Joseph H.（1966）*Language universals, with special reference to feature hierarchies*. The Hague: Mouton.
Haiman, John（1983）Iconic and economic motivation. *Language* 59(4): 781-819.
Haspelmath, Martin（1987）*Transitivity alternations of the anticausative type*. Cologne: Institut für Sprachwissenschaft, Universität zu Köln（Arbeitspapiere, N.F. 5）.
Haspelmath, Martin（1993）More on the typology of inchoative=causative verb alternation. In: Bernard Comrie and Maria Polinsky（eds.）*Causatives and transitivity*, 87-120. Amsterdam: John Benjamins.
Haspelmath, Martin（2006）Against markedness (and what to replace it with). *Journal of Linguistics* 42(1): 25-70
Haspelmath, Martin（2008）Frequency vs. iconicity in explaining grammatical asymmetries. *Cognitive Linguistics* 19(1): 1-33.

Haspelmath, Martin, Andrea Calude, Michael Spagnol, Heiko Narrog and Elif Bamyaci (2014) Coding causal-noncausal verb alternations: a form-frequency correspondence explanation. *Journal of Linguistics* 50(3): 587-625.
Hawkins, John A. (2004) *Efficiency and complexity in grammars*. Oxford: Oxford University Press.
Hawkins, John A. (2011) Processing efficiency and complexity in typological patterns. In: Song, Jae Jun (ed.) *The Oxford handbook of linguistic typology*, 206-226. Oxford: Oxford University Press.
Jacobsen, Wesley M. (1985) Morphosyntactic transitivity and semantic markedness. *Chicago Linguistic Society* 21(2): 89-104.
Jacobsen, Wesley M. (1992) *The Transitive structure of events in Japanese*. Tokyo: Kurosio Publishers.
Nichols, Johanna, David A. Peterson and Jonathan Barnes (2004) Transitivizing and detransitivizing languages. *Linguistic Typology* 8(2): 149-211.
Zipf, George K. (1935) *The Psycho-biology of language*. Boston: Houghton Mifflin.

索引

〔あ行〕
後文脈　18, 89
アノテーション　8, 9
アノテーション付きコーパス　11, 15
ウェブコーパス　44, 45, 47
エレメント　9

〔か行〕
活用〔語の〕　8, 11, 184
慣用表現　26, 71, 76-78, 100, 130, 132
基本統計　60, 64, 93, 95
共起語集計機能　22, 24, 25, 30
共起語頻度　68-70, 151
共起頻度　68-70
形態素情報　8, 43
語彙素　39-41, 104
後方一致　53, 54, 129, 130
コーパスツール　5, 15, 35, 49, 173
固有名詞　81, 82, 117, 128
コロケーション分析　11, 12
コンコーダンサ　37, 43, 104
コンコーダンス　15, 17-22, 29-31, 33-37, 89, 104, 105, 107
コンコーダンスライン　17-21, 30, 34
コンテンツ　9, 10

〔さ行〕
サブコーパス　35, 36, 43, 60-62, 80, 83, 84, 87, 89, 95
サンプリング　19, 35
出現形　9, 10, 25, 37, 43
出典　18, 84, 85, 89
少納言　36, 43

書字形　39, 40, 58, 60-62, 95, 165, 166
書字形出現形　38, 39
前方一致　53, 54, 130

〔た行〕
対数尤度比　26
代表表記　56-59
ダウンロード　71, 72, 78, 88, 89, 169, 170, 172
タグ　9, 10
短単位検索　37, 38
中間一致　53, 55
中心義　117, 122-126, 132
中心語頻度　68-70
中納言　36-40, 43, 44, 104
長単位検索　37, 38
統計サマリー　15, 19, 21, 22, 24, 26, 28, 29, 35, 37, 67
トークン　9, 10, 17, 24, 25

〔な行〕
内容語　49, 105, 108, 110
2語比較　90-94, 96, 101, 136, 137, 141, 147, 150, 156, 159
ノード　15, 17, 18, 20, 21, 23-26, 68, 89

〔は行〕
表記　8-11, 39-41, 43, 52, 56-59, 61, 62, 104, 154, 165-167
品詞　8-11, 17, 19, 26, 27, 36, 37, 41, 43, 50, 60, 81, 90
頻度集計機能　22, 24, 25
頻度分析　11, 16

193

フィルタ機能　50, 78, 85, 86, 89, 136, 138
複合動詞　53, 128, 129, 164, 166-169
複合名詞　128, 130
プレーンテキスト　7-9, 15
プロファイリング（→レキシカルプロファイリング）　27, 31, 52, 56, 58, 59, 64, 69, 70, 82, 85, 87, 90, 93, 104-108, 110
文法パターン　27-29, 32, 33, 35, 60, 62, 64, 65, 67-70, 80, 93, 96, 102, 106-108, 128, 135
文脈　14, 17, 20, 21, 84, 85, 89, 105, 115
文脈表示　20, 84
変化形　8, 39, 40

〔ま行〕
前文脈　17, 18, 89
見出し語　11, 14, 47-62, 65, 69, 89, 90, 92, 93, 104, 105, 107, 129, 130, 144, 147, 164, 166
無標　149, 150, 168, 169, 175-179, 184
文字列検索　36, 37, 40, 43

〔や・ら・わ行〕
有標　149, 150, 168, 169, 175-180, 184
用例分析　11, 13, 14
読み　50, 52, 55, 57-59, 144, 165
レキシカルプロファイリング（→プロファイリング）　15, 26, 27, 29, 32, 33, 35, 36, 43, 44, 56, 62, 104, 115, 173
レマ　10, 11, 15-17, 25-27, 36, 37, 39, 43
ローマ字表記　50, 183
ログダイス（→LD）　26, 28, 29, 66, 70-72, 77, 78, 80, 96, 101, 117
ログダイス差（→LD差）　96-98
ワードリスト　15-17, 35

〔欧文〕
bigram　17
IPA辞書　43, 45, 166
KWIC　15
LD（→ログダイス）　66, 78, 117, 130
LD差（→ログダイス差）　97, 98, 136-141, 143, 144, 148, 154, 155, 159
lemma属性　10
MIスコア　25, 26, 66-72, 77, 78, 80, 130
N-gram　15, 17
PMW　61, 80, 83, 87
pos属性　10
RANK.EQ　72, 73, 75
trigram　17
Tスコア　26
UniDic　37, 43
XML　8, 43

[著者紹介]

赤瀬川史朗（あかせがわ　しろう）
1958年大阪生まれ。慶應義塾大学文学部卒。Lago言語研究所代表。コーパス言語学，自然言語処理，辞書学に関連するシステム開発に従事。

プラシャント・パルデシ
1965年インド・プネー市生まれ。神戸大学文化学研究科博士課程修了。博士（学術）。現在，人間文化研究機構・国立国語研究所・研究系（理論・対照研究領域）教授。

今井新悟（いまい　しんご）
1961年秋田市生まれ。ニューヨーク州立大学バッファロー校言語学科博士課程修了。Ph.D.（言語学）。現在，筑波大学人文社会系教授。

日本語コーパス活用入門
──NINJAL-LWP実践ガイド

© AKASEGAWA Shiro, Prashant PARDESHI, IMAI Shingo, 2016

NDC810／viii, 194p／21cm

初版第1刷──2016年7月20日

著者	赤瀬川史朗，プラシャント・パルデシ，今井新悟
発行者	鈴木一行
発行所	株式会社 大修館書店
	〒113-8541 東京都文京区湯島2-1-1
	電話03-3868-2651（販売部）　03-3868-2293（編集部）
	振替00190-7-40504
	[出版情報] http://www.taishukan.co.jp

装丁者	岡崎健二
印刷所	広研印刷
製本所	三水舎

ISBN978-4-469-22255-5　Printed in Japan

Ⓡ本書のコピー、スキャン、デジタル化等の無断複製は著作権法上での例外を除き禁じられています。本書を代行業者等の第三者に依頼してスキャンやデジタル化することは、たとえ個人や家庭内での利用であっても著作権法上認められておりません。

計量言語学入門
伊藤雅光 著

統計的な方法に基づく計量言語学の基本を学べる実践的な書。言語研究に際して，信頼性の高いデータを整え，明確に分析するにはどうすればよいのかを具体的に示す。　　　　　　　　　　A5 判・298 頁　本体 2200 円

コーパスを活用した認知言語学
Metaphor and Corpus Linguistics
アリス・ダイグナン 著　渡辺秀樹，大森文子，加野まきみ，小塚良孝 訳

比喩表現は，認知言語学でも重要な研究対象の一つである。本書ではまず，比喩研究の基礎知識を押さえ，さらに，コーパスによって比喩表現を頻度・語形変化などから検証し，新しい研究観点を提供する。これからの比喩研究に必須の書。　　　　　　　　　　　　A5 判・306 頁　本体 2600 円

英語コーパスを活用した言語研究
ハーンス・リンドクヴィスト 著
渡辺秀樹，大森文子，加野まきみ，小塚良孝 訳

コーパスは，現代の言語研究にはなくてはならないツールである。本書は英語コーパスについての詳しい解説とともに，そこからどんな知見や研究テーマが得られるかを論ずる。ウェブと連携して，実際にコーパスを操作する演習問題もある。　　　　　　　　　　　A5 判・250 頁　本体 2800 円

『言語』セレクション 第 1 巻
大修館書店　月刊『言語』編集部 編

月刊『言語』は 1972 年の創刊以来，執筆者同士の，また執筆者と読者との討論の場を提供してきた。本セレクション第 1 巻には，38 年の歴史の中で構築された「言語基礎論」ともいうべき 43 本の貴重な論考を収める。
　　　　　　　　　　　　　　　　　　A5 判・348 頁　本体 2200 円

『言語』セレクション 第 2 巻
大修館書店　月刊『言語』編集部 編

「言語」は，伝える相手や時間や社会の状況に応じて，絶えず揺れ動いてきた。本セレクション第 2 巻では，言語変化のほか，言語獲得から言語類型論までを射程に入れ，ことばのダイナミズムを探る。
　　　　　　　　　　　　　　　　　　A5 判・344 頁　本体 2200 円

『言語』セレクション 第 3 巻
大修館書店　月刊『言語』編集部 編

「言語」はもはや言語研究者だけのものではない。生物学，脳科学，文学，コンピュータ・サイエンス等の共通テーマとして注目されている。本セレクション第 3 巻では，様々な視点から，改めて「言語」を考える。
　　　　　　　　　　　　　　　　　　A5 判・324 頁　本体 2200 円

大修館書店　　　　　　　　　　　　　　　　　　　　（2016 年 6 月現在）